Congrès international

de

l'Enseignement secondaire

RAPPORTS PRÉPARATOIRES

RAPPORTS DE MM.

Max Leclerc — E. Kortz

Henry Bérenger — Th. Beck — F. Picavet

ET DE Mlles

M. Dugard — M. Salomon — M. Scott.

Armand Colin & Cie, Éditeurs

5, rue de Mézières, Paris

Congrès international

de

l'Enseignement secondaire

RAPPORTS PRÉPARATOIRES

RAPPORTS DE MM.

Max Leclerc — E. Kortz

Henry Bérenger — Th. Beck — F. Picavet

ET DE Mlles

M. Dugard — M. Salomon — M. Scott.

Armand Colin & Cie, Éditeurs

5, rue de Mézières, Paris

DU ROLE SOCIAL DE L'ENSEIGNEMENT SECONDAIRE

(A quelle diversité de besoins sociaux doit répondre l'enseignement secondaire et comment peut-il s'y adapter ?),

I

Les questions d'enseignement sont des questions sociales, et en particulier la question de l'enseignement secondaire. Pour la ramener à ses éléments essentiels, il est nécessaire d'envisager l'ensemble des facteurs sociaux dans leur action réciproque. La question de l'enseignement secondaire ne se pose pas de la même façon dans une société aristocratique et dans une démocratie égalitaire, — dans une société d'origine récente, exempte de charges militaires, et dans une société qui est prise entre la nécessité de s'adapter aux conditions nouvelles de la lutte économique et l'obligation de faire face à des charges financières que lui ont léguées les générations antérieures.

Il s'ensuit qu'il doit y avoir, entre les diverses conceptions de l'enseignement secondaire, suivant l'état social de chaque pays, une partie commune à tous et une partie variable : le fonds commun, c'est — partout où l'on se propose comme idéal le rôle de l'homme cultivé dans le monde moderne — tout ce qui contribue à la préparation morale, physique et intellectuelle à ce rôle; — l'élément variable, c'est les modifications, les atténuations, en un mot les phénomènes d'adaptation au milieu géographique et historique.

Il y a un réel intérêt pour tous les peuples participant à ce congrès :

1° A reconnaître l'importance de la question : « quel est le rôle social de l'enseignement secondaire? », puisque cela revient en somme à déterminer l'angle sous lequel toutes les autres questions soumises au congrès devront être examinées;

Ensuite à apporter chacun pour sa part une contribution à l'enquête qui permettra de déterminer :

2° Quelle définition commune à tous les peuples et en quelque sorte universelle l'on peut donner de l'enseignement secondaire et de son rôle dans la société; et quelles sont, en fait, les tendances les plus générales en ce qui concerne la conception et la réalisation de ce rôle parmi les peuples qui cherchent à s'adapter le plus complètement et le plus rapidement possible aux nécessités nouvelles de la lutte économique et des rapports entre les nations;

3° Quels sont les traits particuliers à chaque peuple, résultant des nécessités historiques et géographiques, et qui retardent, entravent ou modifient la réalisation de la conception la plus générale et la plus moderne du rôle social de l'enseignement secondaire.

On se bornera ici à poser la question, à tracer le cadre à remplir, et à solliciter les bonnes volontés de contribuer à cette enquête internationale. Nous sommes convaincu que, à la lumière qui se dégagera de l'ensemble des faits sociaux groupés rationnellement, toutes les autres questions s'éclaireront; et que, toutes étant éclairées sous le même angle, chacune se trouvera remise à son plan et en juste valeur.

II

Qu'entend-on généralement par *enseignement secondaire* ?

La conception et l'organisation varient suivant l'évolution historique, les mœurs, les croyances, l'organisation sociale de chaque pays.

En France la définition la plus juste que l'on ait pu donner dans l'état actuel des choses est la suivante :

« L'enseignement secondaire est proprement celui que reçoivent, jusqu'à l'âge du service militaire, la petite minorité des enfants du pays dont les parents sont assez aisés pour soutenir longtemps la dépense des études, et ceux des familles pauvres qui, ayant paru propres à profiter d'une instruction prolongée, ont obtenu des bourses[1]. »

« L'éducation que donne l'enseignement secondaire est toujours d'une utilité supérieure, mais sans utilité immédiate. Car c'est toujours une culture. Pas d'enseignement secondaire qui ne soit, par définition, essentiellement désintéressé[2]. »

C'est un enseignement de culture générale qui prépare à la vie et non pas à une profession, mais qui, cependant, ne doit exclure la préparation à aucune profession.

Si l'on compare l'ensemble de la nation à une armée, l'enseignement secondaire a pour objet de préparer ceux qui devront former son corps d'officiers.

On peut de cette définition tirer deux conséquences importantes :

1° Si, par des moyens artificiels, on attirait dans l'enseignement secondaire un nombre d'enfants sensiblement supérieur à celui qui est nécessaire pour remplir les cadres de l' « Armée », — il y aurait déchet, malaise, crise;

2° Si, par ses programmes, par l'esprit de son corps enseignant,

---

1. Ch.-V. Langlois. *La question de l'enseignement secondaire en France et à l'étranger.* Paris, 1900, p. 15.
2. *Id. Ibid*, p. 75.

par toutes ses tendances, l'enseignement secondaire poussait de préférence les enfants qui lui sont confiés vers certaines professions, à l'exclusion de certaines autres ; s'il les inclinait irrésistiblement vers les professions dites libérales et les détournait de l'industrie et du commerce, ou les mettait dans l'impossibilité de s'y adapter, — l'enseignement secondaire manquerait au premier de ses devoirs, qui est de préparer à la vie et non à telle ou telle profession ; — il y aurait malaise social, crise.

Lorsqu'un sentiment de malaise se produit dans les classes moyennes d'un pays et lorsqu'elles accusent l'organisation et le fonctionnement de l'enseignement secondaire, il importe de pénétrer plus avant, jusqu'aux causes profondes. En effet, le malaise peut être produit :

1° Par un excès de population dans les établissements d'enseignement secondaire, d'où surproduction de « candidats officiers » : (mais cet excès peut être produit soit par un défaut interne de l'organisation scolaire, soit par l'action d'une cause tout extérieure, telle, en France, la loi militaire[1]) ;

2° Par un défaut d'adaptation des programmes et de l'enseignement aux nécessités sociales et économiques nouvelles : programmes trop chargés, scolarité trop prolongée, etc., etc. ;

3° Par l'insuffisante éducation de l'esprit public, qui n'a pas une idée juste et nette du rôle social de l'enseignement secondaire.

Ainsi, l'on a beaucoup parlé en France d'une crise présente de l'enseignement secondaire public. On a gémi sur la prétendue dépopulation de nos lycées. Il est certain en effet que leur population a cessé de s'accroître avec la même rapidité qu'il y a dix ou vingt ans. Mais est-ce vraiment un mal ? Nous répondrons sans hésiter : non ; car nous sommes en présence d'un phénomène naturel de croissance.

« En 1854, il y avait en France, par 10.000 habitants, 31 enfants participant à l'enseignement secondaire (enseignements public et privé réunis), puis 37 en 1865, 41 en 1870, 44 en 1877 et 47 en 1897[2] ». Ainsi, dans les cinquante dernières années, la proportion est montée de 37 à 47. Est-ce là de la dépopulation ? Si le mouvement se ralentit aujourd'hui, c'est par un phénomène normal, à mesure qu'on approche de l'équilibre entre les besoins sociaux, d'une part, et les ambitions et les possibilités individuelles, d'autre part.

On voit ici clairement l'utilité, la nécessité de replacer dans l'ensemble des faits sociaux chacune des données fournies par une

---

1. J'ai montré (*Enquête de la Chambre des Députés sur l'Enseignement secondaire*, t. II, p. 88 et suiv.), que le nombre de candidats aux diplômes d'enseignement supérieur qui confèrent l'exemption de 2 ans de service militaire a doublé, quadruplé, et dans certains cas décuplé, depuis l'application de la loi sur le recrutement de 1889. Il est clair que beaucoup de parents maintiennent par des sacrifices disproportionnés leurs enfants dans l'enseignement secondaire en vue de leur faire obtenir ensuite cette dispense.

2. *Enquête de la Chambre*, etc., t. II, p. 82-83.

enquête sur l'enseignement secondaire. C'est dans cet esprit que nous sollicitons les réponses aux questions suivantes pour chaque pays :

A) Quels sont la place et le rôle de l'enseignement secondaire dans la société?

B) Quelle est l'action de l'enseignement secondaire sur la société ?

III

En ce qui concerne la question A, on peut établir trois catégories principales parmi lesquelles chaque société pourra chercher sa place naturelle :

a) Pays à organisation aristocratique.

L'Angleterre, malgré le progrès qu'y ont fait les idées démocratiques, peut être rangée dans cette catégorie : elle n'a pas d'enseignement secondaire public ; elle n'est pas parvenue à affranchir complètement des traditions aristocratiques sa conception de l'enseignement secondaire; elle n'a pas des ordres d'enseignement nettement définis : elle possède des groupes d'institutions correspondant à des classes sociales et à des fondations historiques.

Le mot même de « Secondary Education » y est détourné de son vrai sens, puisqu'il n'embrasse pas les *public schools*, — destinées à former les *gentlemen* et distinctes des *secondary schools* où sont cantonnées les *middle classes.*

b) Pays à tendances démocratiques dans une organisation d'origine aristocratique.

La France doit être classée sous cette rubrique : les programmes, les méthodes pédagogiques et l'esprit même de l'enseignement restent encore sous l'influence de leurs origines qui remontent à l'ancien régime. La vogue de la plupart des établissements religieux (dits libres) d'enseignement secondaire est due à une survivance des traditions aristocratiques.

c) Pays à conception et organisation démocratiques : l'Écosse, la Suisse, la Norvège, les États-Unis, etc.

Parmi les critériums les plus sûrs pour caractériser et classer l'organisation scolaire d'un pays, il faut ranger les rapports entre les différents ordres d'enseignement — primaire, secondaire, supérieur.

Suivant que ces ordres d'enseignement vivent juxtaposés sans se pénétrer, en étrangers, ou au contraire étroitement unis et comme emboîtés l'un dans l'autre, on peut juger du progrès des idées modernes et de l'organisation démocratique dans une société.

En France, le rêve de la Convention « d'établir la continuité des enseignements primaire, secondaire et supérieur, c'est-à-dire de l'Enseignement public depuis la base jusqu'au sommet »[1] est encore, après un siècle, irréalisé. Les classes élémentaires des lycées et collèges ont été établies et maintenues afin de soustraire les enfants de la bourgeoisie au contact des enfants du peuple dans l'école primaire. Les trois enseignements comme les trois personnels enseignants vivent séparés par de véritables frontières.

En Hollande, en Danemark, en Roumanie, en Suisse, en Norvège, en Écosse, il n'y a point de barrière entre l'école primaire et l'établissement secondaire : au contraire, on s'y est préoccupé de faire de l'une la voie qui mène tout naturellement à l'autre. Aux États-Unis, enseignement primaire et enseignement secondaire ne font qu'un.

Les pays qui, comme la France, cherchent à abaisser les barrières entre les divers ordres d'enseignement et où l'on voit les trois personnels enseignants essayer de prendre contact malgré les habitudes professionnelles et les entraves administratives, ont intérêt à apprendre comment le problème a été résolu ailleurs, partout où les préjugés aristocratiques ont été vaincus, partout où la démocratie a réalisé du premier coup des institutions fraternelles.

IV

Pour achever de caractériser le rôle social de l'enseignement secondaire, il est nécessaire de répondre à la deuxième question : quelle est l'action de l'enseignement secondaire sur la société ? en d'autres termes, quelle est son influence sur le recrutement des diverses professions ?

En Allemagne d'après les dernières statistiques, sur 4 587 élèves qui obtiennent en sortant du Gymnase le certificat de maturité, 3 342 sont entrés dans les universités : pour la majorité l'enseignement secondaire est la préparation à l'enseignement supérieur. Aux États-Unis, au contraire, la proportion des élèves des Écoles secondaires qui entrent dans les Universités est presque insignifiante.

La France occupe, à cet égard, une place intermédiaire entre l'Allemagne et les États-Unis[2].

Encore pour la France faut-il tenir compte de l'action artificielle de la loi militaire qui, depuis 1889, pousse vers des études supérieures une foule de jeunes gens qui n'y étaient pas naturellement inclinés. Nos facultés des lettres qui avaient produit, en 1875, 149 licenciés ès lettres, ont fait 411 licenciés en 1897 ; — pour la

---

1. Ch.-V. Langlois, p. 17.
2. Ch.-V. Langlois p. 23.
Le moment peut venir où la création de nombreuses et riches universités amènerait aux États-Unis une surproduction de *graduates*.

médecine nous avons passé de 590 docteurs en 1875 à 1 202 en 1897 ;
— à l'École des langues orientales, dont le diplôme confère la dispense de deux ans de service, le nombre des élèves est monté de 38 en 1884 à 372 en 1898.

Ici, nous touchons à la grave question des sanctions : depuis la loi militaire de 1889, la véritable sanction des études secondaires en France n'est plus le baccalauréat, c'est l'exemption de deux ans de service qui s'obtient par les diplômes d'enseignement supérieur ou technique. Il s'ensuit que notre enseignement secondaire n'est plus, autant qu'il devrait l'être, une préparation à la vie par la culture générale ; beaucoup n'y voient plus que l'un des degrés de l'escalier qui mène au diplôme exigé par la loi militaire.

Il est intéressant de comparer les effets produits sur d'autres sociétés par des nécessités semblables : comment dans les pays à service obligatoire a-t-on concilié le recrutement des professions savantes à longue préparation technique avec le service militaire de longue durée, et quel a été le contre-coup sur les études secondaires ?

Cette même question de l'action de l'enseignement secondaire sur la société peut être envisagée sous un autre aspect.

En effet, toute considération purement pédagogique mise de côté, la répartition du domaine des études et de la population scolaire entre les sections classique, moderne, d'enseignement spécial ou technique, cette répartition a forcément des conséquences sociales de la plus haute importance.

Ceci revient à dire que l'éternelle et fameuse controverse des classiques et des modernes n'est pas seulement une lutte entre les partisans de deux formes différentes de la culture intellectuelle, mais qu'elle a aussi sa raison d'être dans les transformations de toute société.

Ainsi nous avons vu, depuis la suppression de l'enseignement spécial, nos collèges communaux à enseignement classique perdre constamment des élèves au profit des écoles primaires supérieures qui ne cessent de s'accroître ; — nous voyons aussi la population du moderne grossir beaucoup plus vite que celle du classique. C'est donc que ces deux enseignements nouveaux répondraient à des besoins nouveaux de la société.

Quels sont ces besoins ? Sont-ils les mêmes dans les divers pays où la question se pose ?

En France, les facultés de droit et de médecine ferment obstinément leurs portes aux jeunes gens sortis de l'enseignement moderne.

En Allemagne, la tendance officielle est très nettement en faveur de ce dernier enseignement, et les autorités supérieures s'efforcent de lui ouvrir les portes des facultés de médecine.

De tous ces faits et d'autres sur lesquels une enquête internationale est nécessaire, l'on pourra tirer des conclusions du plus haut intérêt social.

V

Notre enquête achevée avec la collaboration de tous ceux qui voudront bien nous apporter la contribution de leurs expériences et de leurs observations, nous serons sans doute mieux préparés à résoudre la question qui se pose à nous en manière de conclusion ;

Comment établir l'équilibre entre les besoins sociaux et les ressources que doit offrir l'enseignement secondaire ?

La réponse sera, sur divers points accessoires, variable suivant qu'il s'agira de tel ou tel pays, mais il subsistera un fonds général et commun applicable à toute société disposée à s'adapter aux nécessités de la vie moderne et aux tendances générales vers la démocratie.

Questionnaire.

1. Qu'entend-on généralement par enseignement secondaire ? Quels sont la place et le rôle de l'enseignement secondaire dans la société ? Quelle définition commune à tous les peuples peut-on en donner ?

2. Quelles sont, en fait, les tendances les plus générales, en ce qui concerne la conception et la réalisation de ce rôle, parmi les peuples qui cherchent à s'adapter le plus complètement et le plus rapidement possible aux nécessités de la lutte économique et des rapports entre les nations ?

3. Quels sont les traits particuliers à chaque peuple, résultant des nécessités historiques et géographiques, et qui retardent, entravent ou modifient la réalisation et la conception la plus générale et la plus moderne du rôle social de l'enseignement secondaire ?

(Les réponses aux questions A, B, C pourront être utilement classées sous l'une des trois rubriques suivantes :

a) Pays à organisation aristocratique ;

b) Pays à tendances démocratiques dans une organisation d'origine aristocratique ;

c) Pays à conception et organisation démocratiques.

4. Quelle est l'action de l'enseignement secondaire sur la société ?

Quelle est son influence sur le recrutement des diverses professions ?

La lutte entre les classiques et les modernes n'est-elle pas une forme du malaise qu'entraîne pour tout organisme l'adaptation à des conditions nouvelles de vie ?

5. Comment établir l'équilibre entre les besoins sociaux et les ressources que doit offrir l'enseignement secondaire ?

Max Leclerc.

1. Ch.-V. Langlois, p. 17.

DE L'AUTONOMIE
DES ÉTABLISSEMENTS D'ENSEIGNEMENT SECONDAIRE
ET DE LA DIVERSITÉ DES MÉTHODES

Bien que cette question soit d'ordre très général et qu'elle eût d'avance, à ce titre, sa place marquée dans le programme d'un Congrès international de l'Enseignement secondaire, il n'est pas pour nous déplaire qu'elle ait été posée et qu'elle doive être débattue dans notre pays où elle est, depuis quelque temps, l'objet d'une « agitation » toujours grandissante, et où elle présente un intérêt tout particulier d'actualité.

Pourtant quoique, sur ce point, la France soit appelée, semble-t-il, à bénéficier plus que tout autre peuple de la consultation qu'elle organise, il est évident que les nations étrangères en tireront, elles aussi, d'utiles enseignements. Car si quelques-unes sont affligées comme nous d'un excès de centralisation, il est permis de croire que d'autres souffrent de l'excès contraire, et que toutes sans exception, ayant de ce côté subi quelques mécomptes, auront profit à chercher ensemble la formule d'autonomie la mieux appropriée à leur idéal.

Avant tout, quel sens convient-il d'attacher à ce mot d'*autonomie* ?

Dans son acception à la fois la plus élémentaire et la plus compréhensive, l'autonomie est la faculté de se gouverner par ses propres lois, de se faire à soi-même sa règle.

Que faut-il entendre maintenant par l'autonomie d'un établissement d'instruction secondaire ?

On pourrait essayer de la définir *a priori*, en remontant jusqu'à son principe, et en la rattachant à une sorte de droit naturel et primordial. Envisagée de ce point de vue théorique, l'autonomie absolue constituerait un état à la fois légitime et parfait : tout établissement éclorait de lui-même, organisme intégral animé d'une vie propre. Ce serait l'École libre dans l'État libre.

Mais de telles considérations seraient-elles bien à leur place dans une enquête où l'on doit se préoccuper par-dessus tout d'arriver à des solutions pratiques ? Non, sans doute. Laissons donc la formule de l'autonomie en soi. C'est le Congrès lui-même qui répondra, d'une façon moins métaphysique mais bien autrement instructive, à notre question, en faisant défiler sous nos yeux les différents types existants d'Enseignement secondaire.

Cette revue tout objective nous permettra d'abord de classer par espèces les écoles autonomes, de constater si l'autonomie existe quelque part à l'état parfait et quel milieu lui est particulièrement favorable, de déterminer par voie de déduction le degré d'indépendance que comporte un collège dans des pays diversement centralisés, et de tirer de là une sorte de loi marquant la limite jusqu'où il est légitime et désirable que l'autonomie soit poussée, etc.

Elle fera encore la lumière sur d'autres points. Elle nous aidera, par exemple, à rechercher s'il y a une autonomie propre à chacun des trois ordres d'enseignement, ou si l'autonomie ne constituerait pas plutôt une sorte de fonds commun dont les trois ordres d'enseignement se partageraient inégalement le bénéfice, et si cette inégalité de participation, ajoutée à des différences de nature, de fin et de portée sociale, différences dont elle dérive peut-être, ne créerait pas entre eux une sorte de hiérarchie.

Mais le véritable nœud du problème de l'autonomie n'est pas dans les questions préjudicielles dont nous venons de donner un aperçu. Il réside, à vrai dire, dans le conflit de deux tendances, naturelles et nécessaires au même titre, dont les oscillations et les limitations mutuelles constituent la vie même de tout organisme : tendance du tout à se subordonner de plus en plus les éléments, tendance des éléments à se dégager le plus qu'il se peut de la domination parfois oppressive du tout.

Il va de soi que cette lutte doit se terminer, non par l'anéantissement, mais par la conciliation des deux principes rivaux; que l'antagonisme doit aboutir à l'équilibre; la guerre, à la paix. Mais de cette paix il appartient précisément au Congrès de dicter les préliminaires, et ce n'est pas sans doute empiéter sur ses droits ni préjuger ses résolutions que de libeller en ces termes très généraux les deux premiers considérants dont il ne peut manquer de s'inspirer.

1º La centralisation est un mal dès que, se faisant tyrannique, elle ralentit le fonctionnement de l'organisme, comprime sa vitalité, et ainsi devient une cause de faiblesse et de dégénérescence. — Mais ramenée à son véritable rôle, c'est un principe tutélaire indispensable pour maintenir entre les diverses parties d'un tout, avec le degré de solidarité voulu, une sorte d'égalité et même d'indépendance partielle, en sorte qu'on l'a pu spirituellement définir : « Le despotisme pour la liberté[1] ».

2º La décentralisation est un bien dans la mesure précise où elle stimule la vitalité des éléments qu'elle affranchit, et l'on ne doit pas craindre de la porter assez loin pourvu qu'elle n'aille point jusqu'à compromettre l'unité de direction de l'éducation nationale et ne se tourne pas en anarchie. — Encore faut-il se garder de confondre avec l'anarchie réelle, la seule qui soit à redouter, une anarchie purement apparente qui existe seulement, comme l'a dit avec tant de justesse M. Alfred Croiset, « aux yeux d'un certain esprit classique plus épris d'ordre extérieur et d'unité factice que de l'harmonie complexe qui est le signe de la vie ».

Maintenant sur quoi peut porter la décentralisation d'un établis-

1. Ch.-H. Boudhors.

sement secondaire, quel qu'en soit d'ailleurs le type ? Évidemment sur les trois organes essentiels, solidaires et concourants qui le constituent : la direction, l'enseignement, le budget. Et de là trois sortes de décentralisation : administrative, pédagogique, et financière.

'Chacune de ces trois fonctions comporte ses améliorations particulières dont elle recueille directement le bénéfice. Ainsi une certaine émancipation financière, même limitée, d'un établissement est pourtant déjà propre, comme on l'a dit,« à assurer une plus large indépendance à des services spéciaux, à en compléter l'outillage selon les nécessités qui lui sont particulières, à augmenter ses forces productives[1] ».

Mais cet exemple même montre bien que le perfectionnement de l'une peut bénéficier indirectement aux autres. Car l'autorité administrative, d'une part, trouve dans cette marge financière élargie des facilités nouvelles et des moyens d'action plus puissants. Et, d'autre part, l'autonomie pédagogique profite à son tour de toute extension de l'autonomie administrative, le personnel enseignant pouvant alors recevoir, sans que l'équilibre risque d'être rompu, des attributions plus amples et plus effectives, ainsi que des ressources matérielles plus étendues. — Il est clair qu'inversement l'autonomie pédagogique ne saurait être augmentée sans que, par une compensation nécessaire, le pouvoir administratif soit renforcé d'autant.

La solidarité que nous signalons entre les trois sortes d'autonomie ou, mieux, entre les trois composantes de l'autonomie d'un établissement n'est pas absolue, sans doute, puisque l'accroissement de l'autonomie pédagogique, par exemple, n'a aucune répercussion sur l'autonomie financière. Mais elle est réelle, et il importe de ne point la perdre de vue. On comprend néanmoins que la décentralisation puisse porter de façon variable sur les trois éléments dont on vient de voir le rapport, et que de ces dosages inégaux puissent résulter des types d'établissements très différents répondant aux desiderata les plus divers.

Une autre question non moins importante est de savoir comment s'opère en fait la décentralisation là où elle existe, comment on pourrait l'obtenir là où elle fait encore défaut.

Certains établissements naissent autonomes. C'est, paraît-il, le cas de tous les collèges anglais[2], et le régime d'inspections officielles auquel la loi vient de les soumettre, ou plutôt de les admettre, ne portera nulle atteinte à leur indépendance. Le Congrès nous révèlera sans doute dans d'autres pays des exemples analogues d'autonomie naturelle. Il nous apprendra en même temps quelles circonstances ont présidé à leur apparition et quelles sont les conditions favorables à leur développement.

1. *Enquête sur l'Enseignement secondaire.*
2. Voir la communication récemment faite à l'Association franco-anglaise par M. Fabian Ware, directeur de la section britannique d'Éducation à l'Exposition universelle de 1900.

Ailleurs l'autonomie, au lieu de germer spontanément, peut être le fruit de certaines mesures législatives. C'est ainsi qu'en France la loi de 1850 sur la liberté de l'enseignement a fait éclore de toutes parts les établissements dits libres, dirigés sans doute, les uns par un Ordre religieux, les autres par une Société laïque représentée par un Conseil d'administration, mais dégagés, à l'égard de l'État, de toute subordination et même de tout contrôle effectifs.

Enfin, les établissements de l'État eux-mêmes peuvent évoluer vers une autonomie progressive que le pouvoir central prépare, règle et mesure, et dont une législation spéciale est appelée à rédiger la charte. On peut, si l'on s'engage dans cette voie, soit créer des écoles d'un nouveau modèle, soit adapter celles qui existent aux besoins particuliers d'une région, soit encore transformer une maison de l'État en établissement dépendant d'un centre provincial ou local. Il y a là quelque chose d'analogue à l'affranchissement de nos Communes ; et il n'est pas sans intérêt d'envisager ce côté historique de la question, de suivre dans ses phases diverses l'évolution d'un organisme qui, à mesure qu'il se fortifie, tend à se dégager de plus en plus d'une dépendance désormais plus nuisible qu'utile, jusqu'à ce qu'il ait pris pleine possession de lui-même.

L'autonomie est ordinairement précédée de mesures qui ont pour but de la préparer. Mais ces mesures sont loin d'avoir partout la même efficacité.

Dans les pays peu centralisés, milieu plus favorable à l'expansion de toutes les énergies individuelles, les établissements d'instruction possèdent par avance une sorte d'indépendance virtuelle. Tout ce qui leur est accordé pour fonder, puis pour étendre leur autonomie, ils se l'assimilent sur-le-champ. Et dès qu'ils ont atteint le degré de développement voulu, les fonctions spontanées qu'ils accomplissaient déjà leur créent, comme par leur propre vertu, les organes nouveaux nécessaires pour compléter leur personnalité.

Les mêmes moyens semblent, au contraire, frappés de stérilité dans les pays à forte centralisation, et les établissements auxquels la poussée intermittente de certaines doctrines libérales fait octroyer des instruments d'émancipation, ou n'en usent pas, ou s'en tiennent à de timides essais bientôt suivis de lassitude et de découragement. Tels ces organismes nés débiles qui montrent peu de goût pour la nourriture qui leur est offerte et ne la reçoivent qu'à dose insuffisante ou sont incapables de se l'assimiler. — On aura beau pourvoir une maison des organes caractéristiques de l'autonomie. Ces appareils adventices demeurent inertes et la fonction correspondante ne s'établira pas, tant qu'on n'aura pas infusé une vitalité suffisante au moteur même dont tout le reste de la machine doit recevoir l'impulsion. Or ce moteur, c'est la direction administrative, c'est-à-dire le directeur lui-même, âme de l'organisme tout entier. Et c'est l'autorité du directeur qu'il convient avant tout d'affranchir et de fortifier si l'on veut que l'autonomie des établissements secondaires cesse d'être un mot pour devenir une réalité vivante.

Nous n'en voulons d'autre preuve que ce qui s'est passé en France durant ces trente dernières années. Vainement a-t-on muni nos collèges de toute une série d'institutions[1] destinées à en développer la vitalité. On a dû finir par reconnaître qu'elles n'avaient créé qu'une pseudo-autonomie, et ce n'est que tout récemment qu'on est arrivé à la conception de l'autonomie véritable et des conditions pratiques propres à la réaliser[2].

Arrêtons-nous maintenant à l'autonomie pédagogique, puisque aussi bien elle est l'unique raison d'être des deux autres, et que la vraie fin d'une maison d'éducation ne saurait se rencontrer ailleurs que dans l'Éducation elle-même. Mais restons dans les limites tracées par notre questionnaire et, laissant de côté le redoutable problème de la culture morale, n'envisageons ici que l'instruction proprement dite.

En matière d'enseignement, l'autonomie ne se limite point aux programmes. Elle s'étend ou peut s'étendre en outre aux méthodes, aux détails d'application des plans d'études, à l'organisation des cours, voire à l'outillage scolaire, toutes choses étroitement et directement liées les unes aux autres.

Et, de même, un enseignement absolument centralisé serait celui dont tous les éléments comme tous les moyens, sans cesse contrôlés par une armée d'inspecteurs chargés d'y maintenir une stricte uniformité, seraient ramenés sous le niveau d'une règle partout et toujours identique, excluant toute dissemblance et toute originalité. Le parfait symbole et peut-être même l'instrument idéal d'un tel enseignement serait le phonographe aux mille bouches parlantes répétant partout et à tous le verbe magistral définitivement enregistré.

On peut concevoir l'existence d'un pareil système. On prétend même qu'il fut une époque où il sévissait chez nous avec plus ou moins de rigueur. Ce qui est certain, c'est qu'il ne saurait se perpétuer nulle part. En face de cette autorité minutieusement oppressive se dressent bientôt des forces latentes et irréductibles qui sans relâche réagissent contre elle, énervant ses ressorts, fatiguant ses rouages, jusqu'à la dislocation finale : c'est la diversité des milieux et des conditions, c'est la sourde révolte de la personnalité, c'est la tendance universelle à l'affranchissement de la pensée et de la parole ; c'est aussi chez tout individu qui enseigne et, à plus forte raison, dans le corps enseignant, en tant que corps, le besoin instinctif, impérieux de créer et d'innover. Et de toutes ces aspira-

1. Conseils d'administration, Assemblées de professeurs, Conseils d'enseignement, Conseils de classes, Conseils de perfectionnement, Conseils de discipline.....

2. La formule suivante, adoptée par la Société d'étude des questions d'Enseignement secondaire dans sa séance du 9 février 1899, nous semble particulièrement compréhensive et propre à concilier les droits du pouvoir central avec les justes exigences de la liberté. C'est pourquoi nous croyons devoir la mettre sous les yeux de nos collaborateurs. « Que, dans la limite de principes très généraux fixés par le ministre et le Conseil supérieur, tous les détails de la vie intérieure de chaque établissement soient réglés par le chef d'établissement d'accord avec le Conseil de discipline et l'Assemblée des professeurs. »

tions confuses se forme tôt ou tard une puissance consciente de résistance contre laquelle aucun règlement ne saurait prévaloir.

Malheureusement ce n'est là qu'une puissance de résistance, donc toute négative, et l'on ne saurait dire des forces qui s'y amalgament qu'elles sont actives et libres, mais seulement prêtes pour la liberté et pour l'action. — Or, ce n'est pas assez.

Quant au pouvoir central, il n'est pas sans se rendre compte de la situation ; mais plus soucieux pour l'ordinaire de conserver les dehors de l'autorité absolue que de rompre avec une tradition condamnée, c'est seulement sous la poussée extérieure de l'opinion publique, et comme à regret, qu'il consent à accorder de loin en loin l'une ou l'autre des satisfactions que l'on réclame.

Les faits auxquels nous faisons allusion [1] appartiennent sans doute à l'histoire de notre pays, mais ils comportent, croyons-nous, des enseignements généraux dont il est loisible à chacun de tirer argument à sa manière, et ils peuvent suggérer à nos collaborateurs d'intéressantes communications.

On nous permettra, pour conclure, d'emprunter à un de nos hommes politiques les plus autorisés en cette matière un texte qui, tout en s'appliquant spécialement, dans la pensée de l'auteur, à l'Université de France, peut néanmoins, à ce qu'il nous semble, une fois traduit, si l'on peut parler ainsi, en langue internationale, et adapté aux exigences propres de chaque pays, résumer fidèlement les données les plus générales du problème que nous soumettons à l'attention du Congrès. Nous voulons parler des lignes magistrales où M. Ribot définit le mal dont souffre notre enseignement secondaire, et marque le but vers lequel il doit et veut désormais s'orienter :

L'Université de France « exprime, dit-il, le vœu qu'on la délivre d'une centralisation excessive qui a fait perdre à nos Lycées leur physionomie propre, qui paralyse l'initiative des proviseurs et des professeurs, qui les réduit à l'état de simples fonctionnaires, trop isolés les uns des autres, et n'ayant pas de liens assez étroits, ni avec la Maison d'éducation, ni avec la région à laquelle ils appartiennent..... A un organisme trop fortement centralisé qui... fait de chaque Lycée une entreprise de l'État, sans racines propres, sans personnalité véritable..... » il est temps de substituer « un système plus large, plus souple et plus vivant ».

Le Congrès contribuera très efficacement, pour sa part, à la réalisation de ces vœux, en étudiant quelques-uns des points spéciaux qui se rattachent à la question générale exposée dans ce Rapport.

1. 1° Circulaire ministérielle du 27 septembre 1872 relative aux Assemblées des professeurs ; 2° Circulaire ministérielle du 13 octobre 1881 relative aux attributions pédagogiques de ces Assemblées ; 3° Décret du 10 octobre 1882, instituant dans chaque lycée un Conseil d'enseignement ; 4° Circulaire ministérielle du 30 janvier 1887, relative aux Sociétés locales ou régionales d'études. Ces quatre documents universitaires visent spécialement les attributions pédagogiques du personnel enseignant.

Questionnaire.

1. Quelles sont, pour un établissement secondaire, les meilleures conditions d'autonomie :

a. Dans les pays peu centralisés ;

b. Dans les pays à forte centralisation ?

2. Rôle et attributions du directeur, et, d'autre part, des Assemblées et Conseils des fonctionnaires de tout ordre dans un Établissement autonome — leurs situations respectives et leurs rapports.

3. Part qui peut être réservée dans un établissement autonome, au concours des Bureaux ou Conseils d'administration, Comités de patronage, Associations d'Anciens Élèves, etc.

E. KORTZ,

Proviseur du lycée Montaigne.

EXTENSION UNIVERSITAIRE

Les mots « Extension Universitaire » (*University Extension*), qui étaient presque inconnus il y a dix ans, en dehors de l'Angleterre, sont devenus aujourd'hui célèbres et populaires dans la plupart des nations civilisées.

A l'Angleterre, et en particulier à l'Université de Cambridge, revient sans conteste l'honneur d'avoir, dès 1873, organisé méthodiquement *l'enseignement secondaire du peuple*, qui est le caractère *original* de l'Extension Universitaire[1] parmi les autres œuvres qui composent l'imposant effort d'éducation postscolaire accompli depuis 1789.

Il convient, d'autre part, de ne pas oublier que cet « enseignement secondaire du peuple », donné par des professeurs d'Université, existait déjà en France, en Italie, en Belgique et en Allemagne, depuis de longues années, à l'état sporadique et embryonnaire il est vrai. Il dérive, dans son inspiration première, non pas d'une imitation anglo-saxonne, mais du grandiose mouvement d'émancipation humaine et démocratique provoqué par la Révolution française et formulé dans ses diverses assemblées.

Si le mot et la méthode de l'*Extension Universitaire* ne datent que de vingt-cinq ans, l'idée et les premières ébauches datent donc de plus de soixante années. Il sera intéressant de savoir, par les rapports venus des diverses nations, comment l'œuvre est née dans chacune d'elles[2].

Nous savons déjà qu'en France, la participation des professeurs d'Université à l'enseignement secondaire du peuple s'est manifestée dès la monarchie de juillet et la seconde république et qu'elle s'est reproduite, plus accentuée, vers la fin du second empire, grâce à l'impulsion de Victor Duruy, et sous la troisième république.

Sous doute, il en fut de même dans la plupart des nations européennes et en Amérique.

Mais il n'est pas douteux que l'exemple plus précis, plus suivi, plus coordonné, et finalement triomphal, de l'*University Extension* en Angleterre et en Écosse doit marquer la véritable date et le véritable point de départ, d'un méthodique et efficace « enseignement secondaire du peuple ».

Cet exemple, connu et vulgarisé par les beaux travaux de MM. Max

1. Consulter à ce sujet: MAX LECLERC, *Éducation en Angleterre*, 1894. — D. ROBERTS *Twenty five years of University Extension*, 1898.

2. Comme modèles de ce genre, il convient de signaler les rapports de M. Franchetti, professeur d'Université à Florence, sur les admirables *Scuole del Popolo Pietro Dazzi*.

Leclerc et F. Buisson, a provoqué une généreuse et universelle émulation. De cette émulation sont nées en France les *Universités populaires*, en Belgique, en Italie, en Allemagne des œuvres analogues.

L'évolution de la conférence isolée aux leçons par séries a été le résultat fécond et original de l'*University Extension*. C'est cette méthode qui caractérise et caractérisera de plus en plus l'Extension Universitaire dans tous les pays.

Ce qui paraît manquer encore à l'œuvre nouvelle, c'est la coordination des efforts, la définition de l'idéal à poursuivre, la fixation nette des moyens d'action.

Il sera fort intéressant et fort nécessaire de comparer dans notre Congrès les résultats obtenus et d'examiner comment les bonnes volontés pourraient se grouper pour aboutir.

Si le Congrès International de l'Enseignement secondaire en 1900 jette quelque lumière sur les cinq questions formulées ci-dessous, il n'est pas douteux qu'il aura fortement contribué à fortifier l'œuvre de l'*Extension Universitaire*, et par là même à réaliser l'idéal d'éducation sociale mutuelle vers lequel s'acheminent les démocraties contemporaines.

Questionnaire.

1. Quelle doit être la place exacte et le rôle efficace des professeurs et des répétiteurs de l'enseignement secondaire dans l'œuvre générale de l'Extension Universitaire?

2. Comment organiser d'une façon durable et profitable les cours par séries de l'Extension Universitaire:
    a) dans les Universités populaires des grandes villes;
    b) dans les centres ouvriers;
    c) dans les campagnes?

3. Quelles seraient les meilleures méthodes d'Extension Universitaire pour les professeurs et les répétiteurs (homme ou femme) de l'enseignement secondaire?

4. L'État, et en général les pouvoirs publics, doivent-ils contrôler, et dans quelle mesure, la participation des membres de l'enseignement secondaire à l'œuvre de l'Extension Universitaire?

5. L'Extension Universitaire doit-elle être une œuvre gratuite ou rétribuée? Quels ont été les meilleurs résultats obtenus? Sont-ils probants?

HENRY BÉRENGER.

DANS QUELLE MESURE, EN QUEL SENS ET PAR QUELS MOYENS CONVIENT-IL DE DÉVELOPPER LA PERSONNALITÉ DES ÉLÈVES ET LEUR INITIATIVE

I

Il ne faut pas entendre par personnalité ce qu'il y a, dans l'individu, de personnel, de particulier, d'original, ce qui le distingue et le rend différent des autres. Nous entendons par là les principes de vie qui, tout en conservant chez chacun leur individualité propre, sont le partage de la collectivité.

La vocation de l'homme, en tant qu'individu, est non pas de penser, de sentir, de vouloir suivant d'autres lois que ses semblables, mais de se soumettre à la loi commune qui domine et dépasse chacun, et de devenir le type suivant lequel d'autres pensent, sentent et veulent.

La collectivité, c'est-à-dire la famille, la société, la nation, l'humanité seront ce qu'est l'individu qui, tout en gardant son cachet naturel, ne doit pas oublier qu'il est non pas le but, mais le moyen. L'individualisme doit aboutir à la solidarité.

Il n'y a d'harmonie et de vie dans l'ensemble que dans la mesure où cette harmonie et cette vie s'affirment dans chacun de ceux qui le composent. C'est le principe de toute éducation libérale qui, elle seule, est vraiment sociale et morale.

Développer la personnalité dans l'individu, c'est donc cultiver en lui les forces communes à tous et destinées à servir à tous ; c'est développer dans les élèves, si diversement qu'ils soient doués, les puissances du corps et de l'âme, puissances appelées à s'associer, à se pénétrer, à se compléter, de façon à former un tout harmonieux, un foyer de continuel et salutaire rayonnement. Ces puissances sont de nature physique, intellectuelle et morale.

II

Il n'y a plus aujourd'hui d'adversaires sérieux des *exercices physiques*, des jeux en plein air, de ce qu'on appelle les sports athlétiques. En France où l'on a toujours apprécié, autant qu'ailleurs, les bienfaits d'une bonne gymnastique, nous avons été lents à favoriser les associations sportives. Nous avons fini par reconnaître que ces exercices contribuaient dans une large mesure au développement de la personnalité chez l'enfant et le jeune homme. En effet, ils sollicitent le concours des facultés de l'âme, car ils exigent de l'intelligence, du courage et de l'énergie ; d'autre part le cerveau, le cœur et la volonté ont besoin d'un corps sain, vigoureux et résistant.

Aujourd'hui, nous sommes tous d'accord à penser que ces jeux, ces marches, ces sports, en stimulant l'activité physique, en donnant l'habitude de la lutte et de l'endurance, sans parler de l'influence qu'ils exercent sur la santé de l'âme et sur les bonnes mœurs, rendent à l'individu et à la société des services fort appréciables. Nous devons donc encourager ces exercices, à condition qu'ils n'aient rien de charlatanesque et d'excessif, qu'ils soient pratiqués judicieusement et ne deviennent pas nuisibles au travail de l'esprit. On doit éviter que le souci des bras, des biceps et des jarrets domine celui de la culture intellectuelle. « Abusus non tollit usum ! » Il faut bien autre chose pour faire des hommes que des corps d'airain ou la dextérité de l'athlète ! Il faut une intelligence cultivée, un cœur généreux, une conscience délicate, une volonté ferme ; c'est là qu'est la vraie supériorité.

III

Pour que le développement de *l'intelligence* se fasse dans de bonnes conditions, il doit être lent, progressif et méthodique. On ne saurait jamais être trop élémentaire pendant les premières années.

Les maîtres des classes élémentaires doivent être de bons instituteurs : leur tâche consiste surtout à éveiller la curiosité de l'enfant, à lui apprendre à regarder juste et à voir, à stimuler et à diriger en lui le goût de l'observation, le désir de savoir et de connaître.

Le maître s'adressera nécessairement à la mémoire, et cela surtout à l'âge où la réciptivité domine, mais il n'oubliera pas que le rôle de la mémoire est d'être un auxiliaire. Elle est un serviteur inappréciable, mais elle ne doit être qu'un serviteur. « Une tête bien pleine ne vaut pas une tête bien faite, » a dit Montaigne ; or, pour qu'une tête soit bien faite il ne suffit pas de meubler la mémoire, il faut surtout exercer le jugement, fortifier le raisonnement, activer la réflexion personnelle. Que d'élèves qui cherchent uniquement à se rappeler telle parole du maître, telle opinion du professeur, telle page du livre ou du cahier, tel paragraphe du manuel, et qui se contentent d'être l'écho d'autrui, au lieu d'être, autant que possible, eux-mêmes.

Un enseignement machinal, mécanique, trop fondé sur la collaboration de la mémoire, est un attentat à la vie de l'esprit. On ne sait bien que ce qu'on a appris à l'aide de la pensée personnelle. Condamnons le dressage de la pensée, le gavage artificiel qui tuent la personnalité.

Il faut assouplir, activer, fortifier, développer les intelligences, et toutes les intelligences. Par quels moyens ?

1) Éviter l'uniformité dans la manière de traiter les élèves. Il y a

des intelligences promptes et vives, il y en a de molles et de lentes. Elles s'ouvrent et s'affirment différemment. Or, il ne faut pas les juger trop vite et ne désespérer d'aucune; l'essentiel est de leur appliquer des régimes différents. Gardons-nous d'exalter les facultés de tels élèves, d'humilier ou de décourager tels autres, et faisons croire aux moins doués qu'ils sont capables de plus qu'ils ne pensent. Pour pouvoir ainsi s'occuper de chaque intelligence individuelle, il est important que les classes ne soient pas trop nombreuses.

2) Attirer, fixer l'attention en animant les leçons, en les rendant intéressantes, attrayantes, suggestives. Faire participer les élèves à la classe et attacher un grand prix à cette collaboration. Les interroger souvent, en se rappelant le principe : « Le grand art du maître est non de parler, mais de faire parler ». Employer tous les moyens pour éviter l'ennui, la fatigue, la dispersion de l'esprit.

3) Faire comprendre les bienfaits du travail et les satisfactions qu'il procure. Insister sur la nécessité de l'effort, sur ce qu'on y gagne de confiance en soi-même, sur le plaisir qu'on y trouve et les récompenses de toute nature qu'il accorde.

4) Stimuler le sentiment de l'honneur et de l'ambition. Il y a une ambition légitime, celle par exemple de vaincre des difficultés, de trouver par soi-même, de présenter un bon devoir, de faire mieux aujourd'hui qu'on n'a fait hier et même mieux que n'a fait tel camarade. Que les élèves aient de l'ambition, le maître la modèrera si elle est excessive, il la rectifiera si elle tend à dévier.

5) Insister sur le sentiment de la responsabilité et de l'affection, ce sont des moyens dont il ne faut pas abuser, mais qui, appliqués avec une autorité paternelle, produisent toujours un effet salutaire.

Nous voici dans le domaine moral. L'École est autre chose qu'un stimulant intellectuel, et la culture de l'esprit n'implique, ne contient pas le développement moral. Les forces morales sont appelées à éclairer, à appuyer, à pénétrer les forces intellectuelles. Nous entendons par forces morales : le cœur, la conscience et la volonté.

IV

Rien de plus délicat que le *cœur* de l'enfant, c'est un sanctuaire qui commande toujours le respect. Il faut y entretenir et y activer sans cesse la flamme sainte de la sympathie, de l'amitié, de la reconnaissance, de la pitié, de l'admiration du bien et du beau. Tant qu'elle brûlera, si peu que ce soit, on ne doit désespérer de rien.

L'enfant est fait pour aimer et pour être aimé. Il est donc indispensable qu'il existe entre les élèves et les maîtres un courant de vraie et continuelle affection, que des relations cordiales les rapprochent sans cesse ; rien n'entretient autant la confiance des uns et l'autorité des autres. Qu'on traite les élèves différemment, suivant leur nature, leur caractère, leurs dispositions, mais qu'on les aime également ! Cet échange de sentiments paternels et filiaux est la première condition de toute bonne éducation. Il n'est pas impossible de faire régner ainsi dans nos classes et dans nos établissements un esprit de famille qui n'exclut pas la fermeté, qui l'appelle au contraire.

Nous recommandons particulièrement ces relations cordiales comme moyen de *discipline*. Au lieu d'avoir recours à des mesures policières, à la froide et brutale répression, voire même à des procédés violents que nous qualifions de barbares, surtout quand ils sont érigés en système, ne vaut-il pas mieux agir sur le cœur, y faire naître de bonnes émotions, le forcer en quelque sorte à convaincre la raison ?

La discipline mécanique, celle qui impose des actes sans solliciter le cœur, est stérile ; elle ne fait pas de bien, elle fait au contraire beaucoup de mal. Jamais on ne corrigera un élève en le faisant plier par la force, par la peur du châtiment, or, le but de l'éducation n'est-il pas de corriger, de redresser, de rendre meilleur ? En principe, il faut arriver à punir peu, et, lorsque c'est nécessaire, il faut y apporter du tact, de la discrétion, de la délicatesse et viser toujours, chez le coupable, le progrès moral. Une discipline servile ne peut former que des caractères serviles, des sujets mais non des hommes, tandis que celle qui, sans faiblesse, fait énergiquement appel aux puissances affectives est seule capable de servir à l'éducation de la liberté.

De même les récompenses sensibles, qui pourtant ont leur raison d'être, n'ont de valeur effective que par le sentiment qu'a l'élève de les avoir méritées et de posséder ainsi l'estime et l'affection de ceux qui les lui ont décernées. L'enfant doit se sentir heureux quand nous l'approuvons et malheureux quand nous le blâmons. Voilà la punition et la récompense suprêmes.

Développer la personnalité chez les élèves, c'est donc les aimer tous individuellement, qu'ils soient bons ou mauvais, et se faire aimer d'eux, leur faire admirer la bienveillance, la bonté, tous les généreux élans, toutes les nobles passions et leur poser comme idéal à poursuivre la vraie fraternité, celle qui commence dans la famille, qui continue dans la classe où l'on vit d'une vie commune, source de fécondes amitiés, qui s'étend à la société, à la patrie et jusqu'à l'humanité.

V

Les activités du corps, de l'intelligence et du cœur, pour se déployer et se développer, ont besoin d'être dirigées par la *conscience*, lumière intérieure qui éclaire toujours sans s'éteindre jamais, loi divine qui domine tout et tous, qui commande avec une absolue netteté et une autorité souveraine. L'homme ne vaut que ce que vaut sa conscience, aussi le maître exigera-t-il avant tout de ses élèves qu'ils soient consciencieux. Tous ne peuvent pas avoir les muscles dégourdis, l'intelligence ouverte et le cœur ardent, mais tous peuvent posséder une conscience vivante. On ne saurait assez l'éclairer et la cultiver, puisque le but de l'éducation est de conduire la jeunesse à la vraie liberté, qui consiste à se gouverner soi-même. Si la conscience est relâchée, si elle admet des compromissions, des accommodements, si elle perd, dans des subtilités ou dans une casuistique peu honnête, sa pureté et sa sincérité, la faute en est surtout aux parents ou à des gens qui n'ont d'éducateurs que le nom. Une conscience, pour être un guide infaillible, pour être la maîtresse de la vie, pour former des hommes libres, doit être droite, impérieuse et inflexible.

Par quels moyens pouvons-nous développer ce côté si important de la personnalité de nos élèves?

1) Leur inculquer le sentiment du devoir qui doit se manifester partout et toujours et avant tout dans l'*obéissance*. On n'y arrive guère par des moyens extérieurs, mais surtout par la persuasion. L'élève doit obéir, non parce qu'il le faut, mais parce qu'il le veut; l'appel à l'obéissance doit venir du dedans, non du dehors. D'autre part, en faisant acte de soumission, il ne doit pas abdiquer sa personnalité entre les mains de quelque tutelle officielle, de façon à devenir un instrument passif. L'obéissance n'est qu'une dissimulation, si elle ne procède pas de la personnelle liberté. Apprenons donc à nos élèves le prix, la nécessité d'une obéissance libre, voulue, amenée par le seul fait que la conscience a parlé et qu'il faut l'écouter, parce qu'elle est la loi, la loi éternelle.

2) Habituer la jeunesse à ne pas faire de distinction entre les grands devoirs, qui exigent plus de conscience, et les petits, qui en exigent moins; elle est trop encline à se tromper elle-même et à céder à un excès de complaisance. Rien de plus faux et de plus dangereux que ce déplorable « distinguo » qui est le renversement de toute morale, parce qu'on finit ainsi par tout excuser, même le mensonge, la tromperie, l'hypocrisie, la lâcheté. Apprenons à nos élèves à être sévères envers eux-mêmes, ils n'en auront que plus d'entrain dans leurs occupations journalières et plus de gaieté au fond du cœur.

3) Insister beaucoup et toujours sur le sentiment de la responsabilité personnelle. Que nos élèves sachent bien qu'ils supporteront nécessairement les conséquences de leurs négligences et de leurs fautes. Elles sont toutes à leur charge et ils ne peuvent pas s'en décharger sur autrui; elles constituent une dette qui se paiera à leurs dépens s'ils ne la paient eux-mêmes, c'est-à-dire s'ils ne se corrigent.

Il est bon de laisser aux enfants, autant que possible, la responsabilité des devoirs de classe, de les habituer dès le début à travailler seuls, de façon à ce qu'ils soient directement engagés et que leur conscience leur fasse éprouver du plaisir ou de la peine, suivant qu'ils se sont plus ou moins bien appliqués. Mais c'est surtout en présence des infractions de la loi morale qu'ils doivent se dire : « Le coupable, c'est moi, personne que moi ne peut réparer, effacer la faute. Il est en mon seul pouvoir de tranquilliser ma conscience et je ne le puis qu'en m'efforçant de devenir meilleur. »

L'élève doit se sentir responsable vis-à-vis de lui-même, mais aussi vis-à-vis de la classe, qui est comme une communauté, une société réduite où chaque membre a des obligations envers les autres, où chacun doit se dire : « Je puis, par mon exemple, faire beaucoup de bien ou beaucoup de mal. » De là le sentiment de la solidarité, qui prend plus d'importance à mesure que l'on grandit.

4) Inspirer l'horreur de la sournoiserie, de la dissimulation, du mensonge. Présenter la sincérité envers soi-même et envers les autres comme la vertu capitale, prémunir contre la lâcheté que l'on commet en n'avouant pas immédiatement les fautes commises, en permettant que des innocents soient punis, en tolérant l'espionnage, la délation, le rapportage. Recommander comme des titres de noblesse les actes de franchise, de justice, de loyauté qui exigent quelquefois du courage, mais qui prouvent qu'on a le respect de soi-même et le respect de la classe.

Apprendre aux élèves à penser juste, à sentir profondément, à marcher droit, choses qui, dans l'éducation, ne peuvent être séparées, tel est le but de l'éducateur soucieux de la personnalité de ses élèves. Que ce soit son idéal, cet idéal deviendra une réalité à force de le rechercher et de s'en approcher. Si, pour cela, il croit devoir en appeler aux principes religieux, nous n'y voyons pas d'inconvénient, pourvu qu'il sache faire abstraction *des* religions pour ne considérer que *la* religion, celle qui est de tous les cœurs et de toutes les consciences, celle qui agit sur la personnalité, celle qui fait triompher la vie divine dans la vie humaine. Nous n'avons pas le droit d'imposer des croyances à nos élèves, mais nous avons le droit et le devoir de tenir à ce que les croyances, quelles qu'elles soient, aient un effet salutaire sur la vie et le travail de tous les jours.

La loi morale, dont la conscience est l'expression naturelle, ne sera déterminante et dominante que si elle est sanctionnée par une décision intime de la volonté.

VI

L'homme porte en lui une puissance de laquelle toutes les autres dépendent, c'est la *volonté*. Elle donne à la personnalité son cachet, sa valeur et sa force. Un élève peut avoir les muscles souples, être intelligent, avoir le cœur bon, une conscience sévère, si l'action fait défaut, toutes ces belles qualités resteront inertes et stériles, or l'action suppose l'énergie, la volonté.

L'énergie, comme toutes les facultés humaines, est soumise aux lois du développement et ce développement est d'autant plus nécessaire que la vie se compose d'actes de volonté. L'énergie est la reine du monde, la force motrice sans laquelle rien ne marche. C'est donc sur ce point que doit se porter toute l'attention des éducateurs dignes de ce nom. Comment peut-on développer la faculté de vouloir?

En cette matière surtout, l'école ne peut se passer de la collaboration de la famille. Jusqu'à un certain point, l'école vaut ce que valent les parents des élèves. Les recommandations qui suivent s'adressent donc à eux en grande partie.

1) Pour exercer la volonté, il faut tenir les enfants en constante activité. Ils ont une fatale disposition à rester passifs, à s'ennuyer, à ne pas savoir à quoi employer le temps, voire même à quoi s'amuser. Combien ne serait-il pas préférable qu'ils voulussent des choses impossibles, irréalisables, au moins ils feraient acte de volonté. Le premier devoir des parents est d'apprendre à leurs enfants à s'occuper toujours de quelque chose, à ne rester jamais inactifs, à s'intéresser à ceci, à cela, à se rendre utiles, à ne pas connaître l'ennui.

2) Ne pas leur rendre la vie trop aisée, trop commode, en leur épargnant une peine ou un effort, en pensant et en agissant pour eux, en ayant des soucis excessifs de leur santé, en écartant soigneusement de leur chemin ce qui pourrait les embarrasser, etc. C'est tout le contraire qu'il faut faire pour exercer la volonté : il faut créer des difficultés, imaginer des dangers, multiplier les obstacles, pour leur apprendre à se tirer d'affaire, à résister, à braver, à vaincre. Rien ne les grandira à leurs propres yeux, rien n'aiguisera leur volonté comme un effort personnel récompensé. Ils comprendront, sans qu'on le leur dise, que le plus fort sera toujours celui qui saura vouloir le plus et le mieux.

Quant aux maîtres, ils devront non pas rechercher les difficultés ou mettre les forces des élèves à une trop rude épreuve, mais récompenser le moindre effort accompli, encore plus que le résultat obtenu. Qu'ils ne laissent inaperçue aucune intervention de la volonté et lui attribuent autant, sinon plus de mérite qu'à un succès facilement remporté.

3) Aguerrir les enfants contre la douleur, selon le principe de Rousseau : « Loin d'être attentif à éviter qu'Emile ne se blesse, je serais fort fâché qu'il ne se blessât jamais et qu'il grandit sans connaître la douleur. » En les plaignant pour le moindre bobo, en poussant des cris de terreur au moindre accident, on augmente la sensibilité exagérée, l'excessive impressionnabilité qu'il s'agit au contraire de combattre. De là des esprits timides, des natures craintives, des volontés lâches, des caractères faibles.

4) Faire des dispositions de l'esprit, de l'attention et de la tenue en classe, du travail quotidien, une affaire de volonté. Vouloir, c'est pouvoir ! Plus on s'applique à vouloir, moins on éprouve de peine à y arriver ; tout effort porte en lui-même sa récompense immédiate. A nous d'encourager toutes les manifestations de la volonté et d'attacher le plus grand prix aux moindres victoires que nos élèves remportent sur eux-mêmes.

5) Citer des exemples, pris dans l'histoire ou dans la vie de tous les jours, de la faiblesse, de l'avilissement de la volonté et de ses funestes conséquences, de la fermeté de la ténacité, de la virilité et de leur toute-puissante efficacité. L'Exposition de 1900 est une source inépuisable de leçons utiles et entraînantes.

Les élèves ainsi formés ne manqueront pas d'initiative, c'est-à-dire ils sauront vouloir par eux-mêmes, et se déterminer en suivant surtout l'impulsion qui leur vient du dedans. La plupart des jeunes gens manquent d'initiative parce qu'on les a trop habitués à être menés à la lisière, à se sentir poussés en avant, à n'avoir aucune indépendance, aucune liberté de mouvements. Les conséquences de cette éducation peuvent être fort graves ; les élèves ainsi élevés ne sont pas —chose essentielle —les collaborateurs de leurs maîtres, ils font tant bien que mal ce qu'ils ont à faire et rien de plus. Ils sont timides de caractère, gauches de leur personne, incapables de prendre une résolution virile et surtout de l'exécuter virilement. Ils subiront peut être les plus mauvaises influences avec une déplorable légèreté, ils finiront par être des victimes, alors qu'ils auraient pu être des héros.

C'est au foyer que les enfants doivent apprendre à compter sur eux-mêmes, à déployer librement leurs ailes et à s'en servir. A l'école il faut employer tous les moyens propres à leur donner de l'assurance, du courage, de la confiance en eux-mêmes et de la ténacité.

Encourageons toute activité personnelle de l'*intelligence*, tout effort de la pensée qui cherche et qui veut trouver, toute tentative de sortir de l'ornière, de l'éternelle routine, tout désir d'indépendance, toute affirmation de soi.

Respectons les élans spontanés du *cœur*, les enthousiasmes faciles, les folles ardeurs. Favorisons les liens d'amitié librement formés, ils sont si doux et si bienfaisants, quand ils sont purs et solides. Prêtons notre appui aux associations entre élèves, soit qu'ils aient en vue le développement physique ou la culture de l'esprit, soit qu'ils poursuivent un but de charité ou d'intérêt social. Enfin, dans le domaine de la *conscience* et de la *volonté*, formons des natures résolues, prêtes à agir, des hommes qui, acceptant la loi morale, soient incapables de se courber en sujets ou de se redresser en révoltés, des hommes sachant, dans le sentiment du devoir, de la responsabilité et de la solidarité, se gouverner eux-mêmes et continuer l'œuvre de leur perfectionnement.

En travaillant ainsi, chez nos élèves, au développement harmonieux des facultés physiques, intellectuelles et morales, nous remplirons dignement notre tâche d'éducateurs, car nous aurons conscience de former des personnalités fortes et libres, capables elles-mêmes de faire une œuvre d'éducation.

Questionnaire.

1. Que faut-il entendre par personnalité?

2. Dans quelle mesure les exercices physiques peuvent-ils contribuer au développement de la personnalité?

3. Comment faut-il activer l'intelligence dans les classes élémentaires ?

4. Est-il vrai qu'au début l'enseignement ne saurait être assez élémentaire ?

5. Quel est le rôle de la mémoire dans le développement de la faculté intellectuelle ?

6. Pourquoi et comment faut-il éviter l'uniformité dans la manière de traiter les intelligences ?

7. Par quels moyens peut-on rendre une classe vivante ?

8. Comment peut-on faire aimer le travail aux enfants ?

9. Est-il bon de stimuler leur ambition ?

10. La culture de l'esprit implique-t-elle le développement moral ?

11. Peut-on, à l'école, développer les puissances affectives ?

12. L'esprit de famille est-il possible dans nos établissements ?

13. La discipline doit-elle être libérale ou autoritaire ?

14. De quelle nature doivent être les punitions et les récompenses ?

15. Dans quel sens la conscience doit-elle dominer l'activité du corps, celle de l'intelligence et du cœur ?

16. Que doit être l'obéissance ?

17. Pourquoi la distinction entre les grands et les petits devoirs est-elle dangereuse ?

18. Qu'est-ce que la responsabilité, est-il bon d'y insister ?

19. Comment la responsabilité implique-t-elle la solidarité ?

20. Dans quelle mesure convient-il de favoriser les associations entre élèves ?

21. La religion doit-elle intervenir dans le développement de la conscience ?

22. La volonté peut-elle être développée ?

23. Comment faut-il stimuler l'effort et l'énergie chez les élèves ?

24. En quoi consiste l'initiative, pourquoi fait-elle souvent défaut ? comment y remédier ?

TH. BECK,

Directeur de l'École Alsacienne.

LA FORMATION DES MAITRES DE L'ENSEIGNEMENT SECONDAIRE

Il existe en France et en d'autres pays trois formes bien distinctes d'enseignement. Les Universités, facultés ou établissements similaires donnent à des jeunes gens, sortis pour la plupart des lycées et collèges, un enseignement parfois spéculatif, parfois pratique ou professionnel, toujours scientifique, qui leur permettra de travailler par la suite au progrès des sciences mathématiques, physiques et naturelles, historiques et morales, juridiques et médicales. Les Écoles primaires fournissent à tous les connaissances absolument indispensables à ceux qui vivront surtout d'un travail manuel, mais qui auront souvent aussi à faire œuvre d'homme et de citoyen. Les Écoles secondaires, lycées ou collèges, distribuent une instruction qui, terminée de 15 à 18 ans, prépare les jeunes gens et les jeunes filles à la vie sociale. Même s'ils ne suivent pas ensuite les cours des Universités, ils figurent parmi les personnes les plus instruites de la nation à laquelle ils appartiennent.

Il y a, pour ces Écoles secondaires, des maîtres et des maîtresses qui sont formés de façons fort différentes. D'abord où convient-il de les préparer? On a organisé pour eux, comme pour les maîtres des Écoles primaires, des Écoles spéciales, des Écoles normales, en France, en Italie, en Hongrie. En Allemagne, en Amérique, en Espagne, ils vont aux Universités comme les futurs maîtres de l'enseignement supérieur.

Puis on n'est pas d'accord sur ce qu'il convient de faire pour la formation des divers fonctionnaires des Écoles secondaires. Tantôt on réunit ceux qui seront chargés, concurremment ou successivement, d'administrer, de professer et de surveiller. Tantôt on joint, à une préparation générale et commune, une organisation spéciale qui vise les administrateurs, les professeurs et les surveillants.

En ce qui concerne l'instruction à leur donner, les uns réclament pour eux des connaissances analogues à celles des futurs professeurs d'Université, constatées par des concours qui ne laissent arriver que les plus méritants ou par des examens établissant qu'ils ont été ou sont capables d'acquérir tout ce qu'ils devront savoir pour enseigner. D'autres souhaiteraient que leur instruction fût surtout adaptée à leur rôle ultérieur, qui est de former, d'orner l'esprit plutôt que de donner, par des méthodes exclusivement scientifiques, des connaissances exclusivement scientifiques.

On affirme parfois que cette préparation théorique suffit, avec l'exemple des instructeurs et l'expérience acquise dans l'exercice même des fonctions, aux futurs maîtres et maîtresses. Mais on pense aussi qu'elle a besoin d'être complétée. Ceux qui vont le plus loin en ce sens veulent d'abord qu'ils aient des notions de psychologie et de morale appliquées à l'éducation, d'où ils tireront une connaissance de l'enfant et des moyens les plus propres à employer pour développer son intelligence et former son caractère. Ils souhaitent qu'on leur enseigne, avec la pédagogie générale, les méthodes qui, aux diverses époques et dans des pays différents, ont été mises en pratique ou proposées pour former des hommes et des citoyens. Aux connaissances que les maîtres devront posséder pour les transmettre, ils demandent qu'on joigne l'exposé des meilleures méthodes pour les faire pénétrer chez tous, que l'on complète la pédagogie générale et les méthodes de recherches par une pédagogie spéciale et par une méthodologie d'enseignement. Enfin ils sont d'avis que le futur administrateur, le futur professeur ou éducateur, le futur surveillant fassent, sous la direction de maîtres éprouvés, l'apprentissage de leurs fonctions, pour qu'ils sachent et pour que les directeurs de l'enseignement secondaire le sachent aussi, s'ils sont ou seront capables de les remplir. Et il leur semble que cette aptitude, pédagogique et professionnelle, peut être constatée, comme l'aptitude scientifique, par des concours ou des examens.

Il sera donc d'un grand intérêt, pour les adhérents au Congrès, de savoir quelle est l'organisation qui a prévalu dans leurs pays respectifs, quels résultats elle a fournis, quelles modifications elle appelle et quelle serait peut-être, pour une nation qui aurait à la créer, la meilleure à adopter. C'est pourquoi nous proposons les questions ci-dessous, auxquelles il pourra d'ailleurs en être ajouté d'autres.

Questionnaire.

1. Existe-t-il dans votre pays, pour les garçons et pour les jeunes filles, des établissements d'enseignement secondaire distincts des Écoles primaires et des Universités?

2. Comment ces établissements sont-ils organisés? Ont-ils des administrateurs qui dirigent, des professeurs qui enseignent, des maîtres ou des répétiteurs qui surveillent, ou les mêmes personnes sont-elles chargées à la fois, pour leur quote-part, de la direction, de l'enseignement, de l'éducation et de la surveillance?

3. Les maîtres et les maîtresses, quelles que soient d'ailleurs leurs fonctions, sont-ils formés dans des Écoles spéciales, dont il faudrait indiquer l'organisation, ou dans les Universités?

4. Quelle est l'instruction donnée ? A-t-elle pour objet de les mettre à même de faire œuvre scientifique ? Est-elle constatée par des concours analogues à ceux de nos diverses agrégations ou seulement par des examens ? Comporte-t-elle une préparation spéciale à leurs fonctions, portant sur l'histoire générale de la pédagogie, sur la méthodologie spéciale aux matières à enseigner, sur la psychologie et la morale appliquées à l'éducation ?

5. La préparation théorique des futurs maitres et maitresses est-elle complétée par une préparation pratique ? Sont-ils appelés à collaborer à la direction, à l'enseignement, à l'éducation, à la surveillance, avant d'être nommés administrateurs, professeurs, surveillants ? Comment cette collaboration est-elle organisée ?

6. Quels résultats fournissent et quels résultats pourraient fournir ces organisations diverses ? Est-il souhaitable qu'une organisation uniforme et idéale les remplace ? Ou est-il préférable d'améliorer, en tenant compte de ce qui se fait ailleurs, toutes celles qui existent ?

F. PICAVET,

Rédacteur en chef de la *Revue internationale de l'Enseignement.*

DU ROLE DES PROFESSEURS HOMMES
ET DES PROFESSEURS FEMMES
DANS L'ENSEIGNEMENT DES GARÇONS ET DANS CELUI
DES JEUNES FILLES

Les Anciens, en une de ces fables où se transmettait la sagesse primitive, contaient qu'à l'origine l'Humanité était un seul être, mais que les dieux, amis de son bonheur, l'avaient divisée en hommes et en femmes pour la rendre plus apte à se perfectionner; — vérité profonde qui implique manifestement que pour développer l'enfant de façon complète et harmonieuse, l'homme et la femme doivent l'instruire de concert. Mais telle est la force de certaines erreurs, qu'en dépit de l'évidence l'opinion contraire, surtout en ce qui concerne les femmes dont la collaboration à l'enseignement des garçons au delà du premier âge paraît inefficace et voire malséante, persiste encore en beaucoup de milieux. Cependant la vie, plus puissante que le préjugé, commence à l'entamer partout, aux États-Unis, en Suisse, en Norvège, en Danemark, en Finlande, en Allemagne, etc.... Devant tant de pays où l'on fait une place, et parfois très large, aux professeurs hommes dans l'enseignement des jeunes filles ou aux professeurs femmes dans celui des garçons, il faut reconnaître que ce rôle appelle l'examen, et que les éducateurs du XXᵉ siècle auront à en étudier les avantages et l'application pratique. C'est à ce double point de vue que nous voudrions l'envisager dès maintenant.

*
* *

Il ne saurait être question ici, est-il besoin de le faire remarquer, d'essayer de préciser l'étendue à venir d'une telle collaboration et tous ses détails — entreprise vaine et pour laquelle, d'ailleurs, plusieurs données nous manqueraient. Provoquée çà et là spontanément, et d'ordinaire pour répondre à des nécessités locales plutôt qu'à un principe, cette collaboration, en effet, ne se présente encore qu'avec des lacunes et des contradictions parfois déconcertantes. En certains milieux, étroitement fidèles aux préjugés, les professeurs hommes sont admis dans l'enseignement des jeunes filles et en d'autres, plus libéraux, ils en sont complètement exclus ; ici, la femme n'est point autorisée à instruire les garçons, après leur septième année ; là, elle peut diriger leurs études, pendant toute l'adolescence ;

en France même, où l'on s'attendait à plus d'unité, tel lycée de jeunes filles n'a point de professeurs hommes, tel autre en a plusieurs, et entre eux et les professeurs femmes, les différents cours géométrie et algèbre, histoire et morale, littérature et philosophie, sont répartis comme au hasard. Mêmes incohérences ou incertitudes en ce qui concerne l'esprit de l'enfant et la psychologie comparée de la femme et de l'homme, dont une connaissance approfondie serait indispensable. L'étude de l'enfant, quoique activement poussée, surtout en Amérique, n'a pas encore dépassé la phase initiale de l'investigation; et quant à la femme, il suffit de voir avec quelle aisance on lui refuse ou prodigue tour à tour certaines qualités morales ou intellectuelles, pour se convaincre que, jusqu'ici, à quelques travaux près, sa psychologie relève moins de la science que du roman.

Toutefois, si le problème a encore des obscurités, sur beaucoup de points la lumière est assez faite pour en entrevoir la solution. D'une part, en effet, c'est une vérité d'expérience que l'enfant, durant la période où il s'ouvre à la vie, réclame un amour intuitif qui réponde à sa mobilité et à sa faiblesse, et qu'avant de s'élever à la connaissance abstraite et originale, son intelligence a besoin d'être nourrie de réalités et comme enveloppée dans la tradition, berceau de toute pensée naissante où s'éveillent plus tard les idées personnelles. D'autre part, il n'est pas moins certain que de ces deux forces contraires, activité et passivité, dont les mouvements alternatifs en suscitant et fixant tour à tour les améliorations assurent le développement de l'être, l'homme et la femme ont reçu chacun des mesures inégales. Dans l'ordre de l'esprit, l'un représente surtout l'élément nouveau et promoteur, avec ce qu'il comporte d'énergie, d'aptitude aux synthèses, à l'idée pure et à l'induction créatrice; l'autre, l'élément déductif et conservateur, avec tout ce qu'il implique de protégeant et de maternel, l'amour du passé, le goût de l'ordre et des détails concrets, la sympathie prompte qui donne l'intuition des caractères et l'aisance à s'y adapter. Que ces distinctions soient originelles ou, comme d'aucuns le prétendent, qu'elles ne se soient formées qu'au cours des siècles par la maternité et les fonctions spéciales imposées à la femme, nous n'avons pas à nous en enquérir et il importe peu, car aujourd'hui elles sont innées. Or n'y a-t-il pas dans ces différences, si visibles qu'on n'oserait y insister davantage, une indication naturelle du rôle respectif de l'homme et de la femme dans l'éducation de la jeunesse? Puisqu'il faut à l'enfant un amour intelligent, capable de se proportionner à lui, de pénétrer ses tendances inexprimées et de l'initier au passé et au réel, il est évident que pour les jeunes garçons comme pour les jeunes filles, la femme est la meilleure institutrice. L'instinct de l'homme l'a reconnu, car en tous les temps et les pays, c'est à elle qu'il a confié ses fils jusqu'à la septième année. Mais à partir de cet âge, son rôle deviendrait-il soudain inefficace? Si aux époques de civilisation commençante, où l'éducation n'était guère que l'apprentissage de la force et où le savoir était réservé aux hommes, retirer le garçon des mains des femmes après l'enfance première était chose rationnelle, il semble bien qu'il n'en soit plus de même aujourd'hui ; et, sans parler de leur influence bienfaisante sur la tenue, la discipline et la formation du caractère, on peut affirmer qu'il y a dans leur souci de l'ordre, leur goût du détail et leur souplesse d'organes qui les rendent, comme on l'a maintes fois reconnu, particulièrement aptes à l'enseignement des langues vivantes, de la grammaire, de la géométrie, des mathématiques et, en général, à tout ce qui exige précision et exactitude, des dons à utiliser dans l'instruction du garçon. A sept ans, d'ailleurs, celui-ci est-il déjà si éloigné de l'enfance, que la direction d'un homme de vingt-cinq ans (car, par un choix étrange, c'est aux professeurs les plus jeunes, chez qui le sentiment paternel n'est pas encore pleinement développé, qu'on le confie d'ordinaire), soit pour lui la plus sûre ? En certains milieux on en semble persuadé, officiellement du moins. Héritières du moyen âge et n'ayant pu s'affranchir encore de ses craintes pédagogiques, ou plutôt monastiques, à l'endroit de la femme, nos Universités, par exemple, réserve faite pour la classe enfantine, continuent, en général, à l'exclure rigoureusement de tous les lycées et écoles de garçons. Mais les sœurs aînées et les mères, obligées de reprendre en sous-œuvre l'enseignement du maître, ne sont point convaincues de la sagesse d'une telle exclusion, et l'on n'y croit pas davantage à l'étranger, puisqu'en plusieurs pays ce sont des professeurs femmes qui instruisent les garçons jusqu'à dix ou douze ans, et qu'aux États-Unis, il leur arrive même de diriger intégralement les études du jeune homme jusqu'à seize ans, et plus tard encore. Sans doute, bien que justifié par les raisons d'économie sociale qui éloignent nombre d'Américains du professorat, leur rôle va ici à l'excès ; mais entre un libéralisme qui l'agrandit sans mesure et une étroitesse qui tend à l'annuler, il y a place pour un système judicieux qui, à titre de professeur auxiliaire et surtout de maîtresse répétitrice, admettrait les femmes dans les classes de garçons jusqu'à un certain âge.

Pour les professeurs hommes, leur rôle dans l'enseignement féminin nous paraît ressortir de ce qui précède. D'intelligence plus réceptive que créatrice, plus portée aux choses minutieuses qu'aux vues générales, plus mobile aussi en raison de sa sympathie facilement éveillée, la jeune fille vers treize ou quatorze ans, à l'âge où la personnalité commence à grandir, a besoin, surtout dans les études littéraires, d'être comme incitée et soutenue par une pensée plus forte qui la guide, l'accoutume à la réflexion persévérante et lui apprenne à retrouver sous l'infini des détails où elle s'égare volontiers, les grandes lois directrices sans lesquelles il n'est point de connaissances ni d'idées personnelles. L'intervention des professeurs hommes a donc ici une importance aussi grande que celle du professeur femme dans l'instruction des garçons, et si nous y insistons moins, c'est qu'en général (bien que souvent on n'y ait recours que par mondanité) la valeur éducatrice de leur rôle est plus facilement reconnue.

Ainsi, quoique l'on ne puisse prétendre se prononcer en tous points sur cette collaboration dont il appartient à chaque peuple de régler les détails selon son génie, on peut déjà en voir le principe directeur. Il nous paraît être en cette formule empruntée aux États-Unis, qui en cette matière ont une longue expérience : « Il est profitable aux garçons d'être élevés, dans une certaine mesure, sous l'influence de professeurs femmes pendant toute la durée de leur vie scolaire, et pour les jeunes filles d'être instruites, dans une certaine mesure, par les professeurs hommes[1]. »

*
* *

Quant aux avantages de cette double collaboration, il nous apparaissent si nombreux que nous nous bornerons à en signaler quelques-uns.

Et ce sont tout d'abord des avantages d'ordre pédagogique. Si, comme nous avons essayé de le montrer, il appert de la nature des choses et de l'expérience qu'en matière d'éducation l'homme et la femme ont chacun des dons spéciaux, leur appliquer la loi de la division du travail, c'est assurer aux élèves avec une épargne de temps et de forces, un enseignement meilleur. N'oublions pas de remarquer aussi, et spécialement pour les internats, que l'admission dans les établissements de garçons de quelques professeurs et répétiteurs femmes dont la seule présence ennoblirait les manières et donnerait à l'école un caractère plus familial, en ôtant tout prétexte à certaines critiques intéressées que l'enseignement public encourt sur ce point, les ferait taire peut-être.

De plus, et ceci est une vérité éprouvée et non un paradoxe, cette collaboration loin, comme d'aucuns le redoutent, de féminiser les garçons et de masculiniser les jeunes filles, les aide au contraire à prendre conscience d'eux-mêmes et à fortifier leur individualité. Il ne saurait d'ailleurs en être autrement. Comment, parents ou maîtres, agissons-nous, en effet, lorsque nous nous trouvons, femmes au milieu de jeunes filles ou hommes, au milieu de garçons que nous devons instruire ? Inconsciemment, oubliant que chaque enfant est incarnation originale de l'Esprit, sans doute meilleure que la nôtre, et que ce n'est point seulement à sa candeur qu'est due « la plus grande révérence », mais aussi à sa personnalité, nous nous empressons de le façonner d'après nous-mêmes et d'en faire de nouveaux spécimens de notre moi — comme si, selon le mot d'Emerson, ce n'était pas assez d'*un !* Mais que le professeur femme ait à enseigner dans une classe de garçons et le professeur homme dans une classe de jeunes filles, immédiatement leur conduite change. En présence d'intelligences différentes de la leur, un secret instinct les avertit qu'il y a là un inconnu qu'ils n'ont pas le droit de forcer et, respectant davantage ce qu'on pourrait appeler « la nature indéterminée » de l'enfant, ils lui laissent cette sage indépendance qui fait la person-

---

1. Extrait d'un Rapport sur « Certains traits de l'Enseignement secondaire aux États-Unis d'Amérique et au Canada » (*Report of the Commissionner of Education*), Washington, 1894-95, tome I, p. 494.

nalité forte. Est-il besoin d'ajouter qu'une telle collaboration la rend
ainsi plus complète? Au jeune homme et à la jeune fille qui n'ont
pas été quotidiennement en contact avec des hommes et des femmes
cultivés, il manque toujours quelque chose, à l'un en finesse et en
grâce et à l'autre en vigueur. Or, comme le milieu particulier à
chacun ne lui offre pas toujours les bienfaits de ce commerce intelligent, c'est à la vie scolaire de l'assurer à tous. On n'ignore pas,
d'ailleurs, que c'est là une des considérations invoquées à l'étranger
en faveur des Écoles mixtes. Dans les pays où les mœurs ne s'accom-
moderaient pas de leur régime, l'intervention des professeurs hommes
dans l'enseignement des jeunes filles et celle des professeurs femmes
dans celui des garçons, sans donner matière aux craintes que la coé-
ducation fait naître chez plusieurs, en aurait, en partie, l'influence
salutaire.

Enfin, l'un des avantages les plus précieux de cette collaboration
réciproque, c'est qu'en aidant la personnalité de l'homme et de la
femme à se compléter, elle les prépare à se connaître mutuellement
et à se mieux comprendre. Lorsque, en tout ce qui concerne les
études et les choses de l'esprit, la jeune fille est séparée de l'homme
et le garçon sevré de l'influence intellectuelle de la femme, qu'arrive-
t-il d'ordinaire? Constatant qu'au delà de la première enfance on
dénie à la femme tout rôle officiel dans son instruction, le garçon
s'habitue à ne voir en elle qu'un être destiné par nature aux fonctions puériles et le lui fait sentir. De plus, se développant séparément
et, si l'on peut ainsi parler, sans contrepoids, chacun penche à l'excès
du côté qui lui est propre et pousse ses qualités spéciales au point
où elles se transforment en défauts. L'aptitude aux abstractions et
aux idées générales devient alors chez l'homme esprit de système et
la force raideur, tandis que chez la femme les dispositions minutieuses se tournent en goût des vétilles, la souplesse en frivolité, la
sympathie en sensiblerie. L'un s'écarte des questions de détails et
de sentiment, l'autre des vues d'ensemble et des idées pures, en sorte
que les différences mêmes qui auraient dû les rapprocher deviennent entre eux des causes d'éloignement. Et le mariage ne parvient
pas toujours à les unir. Ils peuvent se façonner réciproquement
à leurs habitudes, rarement s'initier à toute leur pensée. Et c'est
ainsi que, malgré leur existence commune, ils demeurent souvent
étrangers l'un à l'autre, l'homme « énigme de la femme » et la femme
« sphinx de l'homme », comme l'écrivait Hugo[1]. — Ignorance péni-
ble, contraire à la beauté domestique et qui se traduit dans la société
par des désaccords parfois si intenses que d'aucuns y voient le
prélude de conflits prochains entre les deux moitiés de l'Humanité.
Assurément, les raisons de ces désaccords ne sont point toutes d'un
ordre intellectuel et nous n'imaginons pas que des réformes sco-
laires suffiraient à les prévenir, comme à remédier à toute imper-
fection. Mais on ne saurait mettre en doute qu'une éducation
qui rapprocherait davantage la pensée de la femme de celle de

---

1. *Les quatre Vents de l'Esprit.* (*Pensées de nuit.*)

l'homme, ne contribuerait à atténuer les malentendus et à réaliser l'harmonie.

En résumé, assurer à l'enseignement des jeunes filles vers la quatorzième année, la collaboration des professeurs hommes et à l'enseignement des garçons celle des professeurs femmes, bien au delà de la première enfance, tel nous parait être un progrès auquel les maîtres du xxᵉ siècle devront travailler, — et cela non par besoin d'innovation, mais pour se conformer à la nature des choses et donner aux hommes et aux femmes de l'avenir une éducation plus complète qui, en leur apprenant à se connaitre mutuellement, les prépare mieux à la vie : car se comprendre, c'est déjà s'unir.

M. DUGARD,
Professeur au lycée Molière.

Questionnaire.

1. Quels essais de collaboration des professeurs hommes à l'enseignement des jeunes filles et des professeurs femmes à celui des garçons ont-ils déjà été faits dans votre pays?

2. A quel âge parait-il désirable que les jeunes filles commencent à avoir des professeurs hommes et que les garçons cessent d'avoir des professeurs femmes?

3. Dans quels enseignements cette double collaboration semble-t-elle devoir être le plus efficace?

COMPLÉMENT PRATIQUE DE L'ÉDUCATION MORALE DES JEUNES FILLES DANS LES LYCÉES PATRONAGES D'ENFANTS PAR DES JEUNES FILLES

Les lycées de jeunes filles ne comptent pas encore vingt ans d'existence et chaque jour ajoute à leur prospérité. Ce courant qui, dit-on, entraîne un grand nombre de familles vers des maisons d'éducation étrangères à l'Université perd de sa force quand il s'agit des filles, qu'on veut cependant mieux instruites et élevées que jamais. Succès oblige ; nos écoles secondaires de jeunes filles, chargées peu à peu de l'avenir moral de tant de familles futures, devront faire comprendre, de plus en plus, que l'enseignement ne se sépare pas de l'éducation, n'a autre chose en vue que l'éducation complète, celle du cœur, de l'esprit, du caractère.

La conception, longtemps régnante, et qui faisait de la femme « l'être relatif qui ne peut vivre qu'à deux[1] » est quelque peu dépassée aujourd'hui ; de plus en plus les devoirs des femmes nous paraissent s'étendre en dehors du cercle aimé, mais étroit de la famille. Tout le cours des études, l'esprit qui les anime, tendent à réaliser l'idéal conçu : c'est un appel constant à l'effort, au courage, à la persévérance ; ce sont les modèles de dévouement, d'héroïsme qu'offre la littérature, le spectacle de la lutte sans trêve et sans fin de la justice contre l'injustice, de la vérité contre le mensonge, de la lumière contre les ténèbres qui s'appelle l'histoire de la civilisation. Le cœur et l'esprit sont là à bonne école.

Mais « les exemples vivants sont d'un autre pouvoir » et aux leçons verbales on peut en ajouter de différentes qui augmenteront singulièrement la force des premières.

— Nos filles vivent dans une atmosphère restreinte ; la famille et les amis forment autour d'elles un cercle fermé ; de la vie qui s'agite autour d'elles, elles ne connaissent rien ; quelques-uns pensent même qu'elles ne doivent rien connaître. Cette opinion, autrefois indiscutée, n'est pas sans renfermer, comme toute erreur, une part de vérité. Sans parler de la blancheur immaculée, parure des filles, et qu'il faut préserver, il est vrai que les souffrances, les tristesses, les laideurs de la vie seraient un fardeau lourd à de jeunes âmes ; elles se développent plus harmonieusement dans la sérénité, même dans la joie, et les cruelles réalités envisagées trop tôt risqueraient de les assombrir à jamais.

1. Michelet.

Mais beaucoup de jeunes filles sont élevées dans une étrange ignorance de la misère humaine. Elles savent bien qu'il y a des pauvres. Elles en ont vu : elles savent aussi qu'à ces pauvres on fait l'aumône, ou selon une expression bizarre, mais courante, qu'on leur « fait la charité ». Mais ces pauvres, elles les regardent instinctivement, peut-être par une habitude héréditaire, comme une espèce à part. Elles ont une façon de dire : c'est un malheureux, comme on dirait d'une poule, elle est cochinchinoise, qui fait vraiment de ces malheureux des parias dont on n'a pas même à se préserver, tant serait extraordinaire l'idée d'un contact avec eux. Elles ne se demandent pas s'il est naturel, s'il est juste qu'il y ait toujours des pauvres parmi nous et ne connaissant guère leurs souffrances, elles ne sentent pas le besoin de les soulager.

Cette ignorance est grave, elle peut fausser l'esprit, le jugement, le caractère. Le défaut de point de comparaison fait l'importance disproportionnée donnée aux ennuis personnels, aux mécomptes, aux peines de tout genre, dont la jeunesse même n'est pas exempte. De là cette impatience à supporter les moindres difficultés, à les amplifier jusqu'à ce qu'elles aient absorbé l'attention et le temps dus à d'autres peines. Non seulement cette tendance est une des formes les plus fréquentes de l'égoïsme, mais elle rétrécit et fausse l'esprit, produit la frivolité, dessèche le cœur.

Révéler aux jeunes filles des peines à côté desquelles on n'oserait plus prononcer ce mot d'ennui qui revient si souvent dans les conversations des dames, leur faire connaître des enfants plus jeunes obligés d'aider les parents à gagner leur vie ; d'autres, qui en sortant de l'école, ne trouvent personne pour les attendre dans la chambre en désordre que la mère n'a pu préparer, son travail l'appelant au loin de grand matin ; d'autres, plus misérables encore, dont les parents, écrasés par la pauvreté, sont malades, sont tombés dans l'ivrognerie, dans toutes les misères qu'elle engendre, n'y a-t-il pas là des leçons de choses, fécondes en retours sur soi-même, et dont on peut espérer une appréciation plus juste et plus saine de la vie ?

C'est donc faire œuvre d'éducation que de montrer à la jeunesse quelques-uns des aspects sombres de l'existence. Il est bon que la quiétude et le confort des uns soient troublés parfois et de bonne heure par la pensée de la souffrance des autres, d'apprendre le prix du nécessaire à ceux qui ne se demandent pas celui du superflu, d'inspirer quelques inquiétudes sur la légimité du bien-être qu'on n'a pas acheté de son travail, et dont sont privés à jamais tant d'êtres humains qui nous ressemblent comme des frères.

Ils nous ressemblent, mais combien de dissemblances encore ! Il n'y a plus de classes, mais que de divisions, de catégories de personnes éloignées les unes des autres, se connaissant à peine. On tente des rapprochements ; les mieux partagés font les premiers pas. Sans attendre les revendications qui n'ont pas toujours, qui ne peuvent avoir la mesure et le calme, il cherchent à diminuer les distances, à réparer les injustices, à mieux répartir toute chose. Ils donnent leur temps. leur peine, leur pensée, convaincus que ce sont là surtout les armes nécessaires à la victoire. Nos jeunes filles prendront-elles une part active à la lutte, et leurs efforts obtiendront-ils quelque résultat? L'expérience faite permet de l'espérer.

Un grave défaut des patronages ordinaires, c'est la difficulté d'établir une confiance parfaite entre protecteurs et protégés. Le sentiment de dépendance d'une part, de supériorité de l'autre empêchent l'abandon nécessaire à la sincérité, à la cordialité des rapports. Avec des enfants, ce défaut disparaît. Une jeune fille de seize ans qui s'occupe d'enfants de dix à douze, ne leur inspire ni crainte, ni méfiance ; elle-même plus habituée à recevoir qu'à donner, remplira son rôle de protectrice sans condescendance fâcheuse. Elle sait bien n'être qu'une intermédiaire quant aux secours matériels et offrira d'autant plus volontiers ce qui dépend d'elle-même, le temps, l'effort, la bonne volonté. Des relations suivies s'établiront ainsi entre enfants de catégories sociales différentes, et ce seul fait sera fécond en heureuses conséquences.

Quelles seront ces relations ? que pourront échanger ces enfants, et qu'apporteront les jeunes filles privilégiées aux pauvres dont elles s'occuperont ? Ces questions soulèvent quelques difficultés.

Certaines familles nécessiteuses obtiennent l'admission de leurs enfants à plusieurs patronages d'esprit opposé, la concurrence n'étant pas exclue du domaine de la charité. Les enfants vont donc d'un côté le jeudi, d'un autre le dimanche, surtout pour avoir part aux avantages des diverses Sociétés ; il peut en résulter quelque confusion dans leurs idées et l'habitude fâcheuse de recevoir trop facilement. Au lieu du rapprochement amical, on aura travaillé à maintenir la distance qui sépare le bienfaiteur de l'obligé. Si c'est l'amitié qu'on veut faire naître, il ne faut pas oublier qu'elle demande l'égalité et le désintéressement ; elle échange des sentiments, non des services et des obligations.

Faudra-t-il donc exclure de ces relations entre enfants tout service et toute reconnaissance ? Les heureux n'offriront-ils aux autres qu'une pitié platonique et un intérêt qui jamais n'agira ? La vie ne s'accommode guère de ces conclusions absolues. Le secours matériel n'est pas la partie principale du bien à faire ; ce serait même le mettre à trop haut prix que de le proscrire ; il aura sa place, à son rang, dans les Sociétés à établir et le sentiment qui animera les membres de ces Sociétés lui donnera son véritable sens. Ceux qui donnent seront d'ailleurs ceux qui recevront le plus. Ils auront appris à prélever sur leur dépenses d'agrément, la part du pauvre ; s'ils arrivent, par quelques sacrifices à faire grossir cette part, ils auront découvert une source de belles joies.

Mais quel que soit l'intérêt de cette sorte de bienfaisance, c'est autre chose que nous recherchons.

Les relations amicales et suivies entre enfants de familles bourgeoises et enfants d'ouvriers peuvent s'établir spontanément dans les pays où, comme en Amérique, en Suisse, le système scolaire est vraiment démocratique, où tous les enfants fréquentent les mêmes écoles, sans autres distinctions que l'âge, les aptitudes, le but visé. Chez nous, l'école communale n'est pas nécessairement le vestibule du lycée ; celui-ci a des classes primaires répondant au désir des familles qui n'admettent pas pour leurs enfants l'école communale et ses promiscuités. Ces mêmes familles n'auront qu'un empressement tiède à favoriser le rapprochement de leurs enfants avec des enfants des classes déshéritées et leur répugnance augmentera s'il s'agit des jeunes filles.

L'école peut, et par conséquent doit tenter ce rapprochement ; si elle y parvient, le rêve de la fraternité sera plus près de se réaliser. L'entreprise n'est pas simple ; il y faut tact et prudence ; ce sont les parents qui, après tout, disposent du temps de leurs enfants en dehors des classes, c'est sur eux qu'il faut agir. Et comment ? Par les enfants.

Inspirer à ceux-ci l'ardeur du bien, leur faire goûter, dès le moindre résultat, l'espérance d'un résultat plus grand, les intéresser à l'action bienfaisante, en faire les collaborateurs dévoués, c'est introduire dans les familles un germe qui grandira et finira par percer la couche d'égoïsme, gardienne du bien-être individuel. Le père et la mère, même s'ils le voulaient, et pourquoi le voudraient-ils toujours, n'oseront pas s'opposer à l'ardeur charitable de l'enfant.

Depuis longtemps les éducateurs se plaignent de la place dispro-portionnée qu'occupent dans la maison « messieurs les enfants » et accusent les parents non de les aimer trop, mais de les aimer mal, d'entraver par là l'œuvre de l'éducation. Au lieu de s'en plaindre, il serait plus habile, plus pratique assurément d'employer l'influence incontestable des enfants à faire goûter aux parents quelques nouveautés dont l'utilité ne leur apparaît pas à première vue. Ils feront valoir des objections. « Ne craignez-vous pas, diront-ils, que ces enfants, réunis à vos élèves, n'apportent chez vous quelque contagion fâcheuse ; si telle petite fille que vous aurez n'est pas malade elle-même, quelqu'un des siens peut l'être ; il y a là un danger. » — « Très facile à écarter. La veille de la réunion, une visite médicale dans les familles de nos amies pauvres, s'assurera de leur état de santé. A la moindre crainte, l'enfant sera priée de rester chez elle ce jour-là. Cette visite joindra aux avantages de la sur-veillance hygiénique et médicale celui d'être utile à une jeune dame étudiante en médecine ou déjà reçue docteur, qui sera membre de notre Société et trouvera là un champ d'observations précieuses.

Ces Sociétés devront être aussi nombreuses que possible, mais restreintes quant à leurs membres : c'est là une condition indis-pensable d'efficacité ; il s'agit d'associations amicales et un groupe d'amis ne peut s'étendre indéfiniment.

Dix-huit ou vingt élèves d'une école secondaire, arrivées à peu près au terme de leurs études peuvent s'occuper de douze enfants d'une école communale. Ces enfants viendront chaque jeudi, par exemple, passer l'après-midi dans une salle du lycée ou du collège ; elles y rencontreront deux de leurs grandes amies qui à tour de rôle présideront la réunion. Travail à l'aiguille, lecture à haute voix, un peu de chant, quelques jeux, un petit goûter, rempliront l'après-midi. De temps à autre, on visitera quelque musée ; l'été permettra des promenades à la campagne. L'intimité sera prompte à établir entre les membres du petit groupe ; la confiance naîtra chez les enfants envers celles qui si simplement prendront vis-à-vis d'elles le rôle de sœurs aînées ; chez celles-ci le besoin instinctif de laisser bonne impression amènera de suggestives réflexions. Ces vies difficiles et dénuées de bien-être ne parleront pas seulement à leur sensibilité ; elles éveilleront le sentiment de la justice et ce que nos jeunes filles pourront tenter pour atténuer les différences leur semblera non pas un mérite, mais un devoir.

Elles auront beaucoup à apprendre aux petites. Et d'abord la valeur du soin de la tenue. Trop souvent encore l'usage de l'eau et du savon est un luxe pour les pauvres ; soigner sa personne et ses vêtements serait pour eux le commencement de la dignité. Entre les causes de séparation, on peut affirmer hardiment que la malpropreté est une de celles qui nous divisent le plus ; les ouvriers seront plus près de nous quand la propreté sera devenue pour eux un besoin de chaque jour au lieu d'être réservée au dimanche seulement. L'hygiène aussi y est intéressée au premier chef ; toute une médication, l'antisepsie n'est-elle pas, en grande partie, la propreté minutieuse appliquée au soin des malades ?

Mais l'incurie, la négligence sur soi et dans le logis sont responsables de pis encore ; elles sont pour quelque chose dans les progrès de la terrible maladie, fléau de notre temps, de l'alcoolisme. Ce qui attire les travailleurs dans les cafés, les cabarets, c'est moins, on l'a souvent fait remarquer, le besoin d'avaler de mauvaises drogues que celui de sortir de chez eux. Qu'y trouvent-ils, en effet, au retour d'un dur labeur ? La misère, sous un de ses plus lugubres aspects : une femme et des enfants débraillés dans un logis sordide ; rien qui détende, rien qui réconforte. Le café est bien éclairé ; on y rencontre les camarades qui, eux aussi, ont fui le misérable home. Si les femmes qui attendent en pleurant le retour tardif du père, du mari, savaient employer leur volonté, leur habileté, à donner quelque agrément à la pauvre demeure, beaucoup de mal serait évité par cela seul. Et qu'on ne pense pas que ce soit là une entreprise impossible : le charme d'un intérieur ne tient pas au luxe, mais avant tout à l'ordre, à la minutieuse propreté.

C'est là ce que nos filles peuvent faire comprendre à celles qui n'en ont pas l'habitude. En passant un peu de temps avec elles, en les recevant chez elles, elles leur communiqueront le goût, le besoin d'une vie plus élevée, disons plus raffinée, et ce sera un bien. Des goûts de cette nature deviennent des principes d'action essentiellement bienfaisante. On objectera qu'ils peuvent faire des déclassés, des mécontents. Aux natures mauvaises, tout est mauvais sans doute, comme tout est poison aux estomacs gâtés. Mais en matière d'éducation et de morale, l'on ne peut s'adresser qu'à l'honnête moyenne. « La morale, a-t-on dit avec une grande justesse, est faite pour les honnêtes gens, comme l'hygiène pour les bien portants. Pour les autres, il y a les médecins — et les tribunaux. »

Ce besoin d'une vie plus élevée, plus complète, loin d'en craindre l'éveil chez le peuple, on cherche aujourd'hui à lui donner satisfaction. De tous côtés les privilégiés s'occupent à initier les autres aux jouissances de l'art, de la poésie, de la science, qui ennoblissent la vie, la rendent plus légère, plus aisée aussi, n'étant ruineux ni pour la bourse, ni pour la santé.

Les associations de jeunes filles aideront à cet important mouvement, y prépareront des adhérents. Et sans grands efforts, sans lourdes dépenses, cette œuvre d'éducation aura collaboré, dans une juste mesure, à la haute tâche qui sera la gloire du vingtième siècle : la réconciliation sincère entre toutes les classes sociales, entre tous les membres de l'humanité.

M. SALOMON,

Directrice du collège Sévigné.

Questionnaire.

1. Y aurait-il avantage ou inconvénient à adjoindre quelques mères des élèves à l'œuvre charitable des jeunes filles, inspirée et dirigée par leurs professeurs et leur directrice ?

2. N'y aurait-il pas là une occasion de travailler à l'entente et à l'union de l'école et de la famille, entente et union si nécessaires au bon résultat final ?

DE LA CORRESPONDANCE INTERSCOLAIRE
INTERNATIONALE

La *Correspondance interscolaire internationale* est une méthode d'enseignement des langues vivantes, qui consiste à établir un échange régulier de lettres entre les élèves des écoles des différents pays. Il faut ajouter que cette correspondance s'est étendue presque tout de suite aux professeurs, puis en dehors de l'école, et existe aujourd'hui entre un assez grand nombre d'habitants de contrées diverses.

L'idée est encore toute nouvelle : elle date de quatre années à peine. Elle est française. Un court exposé historique montrera comment elle a fait son chemin en divers pays étrangers : Angleterre, Allemagne, États-Unis, Italie, Russie. Elle est définitivement entrée maintenant dans le programme *pratique*, sinon *officiel* de l'enseignement des langues. Quelques chiffres donneront les résultats obtenus, et feront, mieux que tout commentaire, ressortir l'utilité de l'Interscolaire. Enfin son organisation très simple sera exposée en quelques lignes, ainsi que les avantages espérés par les organisateurs et les adhérents, avantages déjà partiellement obtenus.

Un premier essai, sans suite, avait été tenté il y a quelques années par M. Gaston Sévrette, professeur au lycée de Chartres. Mais c'est en 1896 qu'il faut placer le point de départ de la Correspondance interscolaire. Le mérite de l'idée revient à M. Micille, professeur au lycée de Tarbes, alors professeur au collège de Draguignan.

Dans une lettre datée du 28 octobre 1896. M. Mieille expose à l'Inspecteur de son Académie l'organisation possible et les avantages de l'Interscolaire. Il s'appuyait sur une expérience pédagogique personnelle. Pendant deux ans, en effet, il avait fait correspondre 6 de ses élèves avec 6 jeunes Anglais, il avait pu apprécier les services rendus par cet échange de lettres, et il eut l'idée de le généraliser.

Il eut la bonne fortune de rencontrer M. Max Leclerc, qui comprit aussitôt l'intérêt que pouvait avoir la question, et voulut bien mettre la *Revue universitaire* à la disposition de M. Mieille. (Cf. l'article du 15 janvier 1897). Divers journaux français publient des articles favorables, on peut citer : le *Temps* (25 janvier 1897); les *Annales politiques et littéraires* (24 janvier); la *République française ;* la *Liberté* (26 janvier); le *Petit Parisien* (27 janvier); le *Figaro* (30 janvier, important article de M. Gaston Deschamps); le *Journal* (31 janvier).

Le 31 mars 1897, M. Mieille envoie au directeur de la *Revue universitaire* une circulaire destinée à recommander la correspondance interscolaire et la correspondance internationale exclusivement réservée aux instituteurs et professeurs de l'enseignement primaire.

Le *Manuel général de l'Instruction primaire* se montra tout disposé à concourir au succès de cette correspondance entre membres de l'Enseignement, et un comité d'initiative se forma, à la tête duquel se trouvaient M. Ferdinand Buisson, professeur à la Sorbonne et Mlle Williams, présidente de la *Franco English Guild*.

La Correspondance interscolaire s'organisa entre la France et l'Angleterre. M. Mieille s'était adressé, dès août 1896 à la *Review of Reviews*. Le directeur de cette revue, M. Stead, s'empressa d'adopter l'idée de M. Mieille, fit de la propagande, et, dès janvier 1897, une lettre de sir John Gorst, ministre de l'Instruction publique en Angleterre, approuvait en ces termes le projet. — « J'ai lu, dit-il, avec beaucoup d'intérêt l'exposé du projet de correspondance entre élèves français et anglais. De telles relations entre les deux pays offriraient d'évidents avantages au double point de vue pédagogique et national. »

La *Review of Reviews* s'entendit avec la *Revue universitaire* pour amorcer la correspondance. Elle fut donc commencée « avec le plus grand intérêt », selon miss Lawrence, secrétaire de la *Review of Reviews*. « Les demandes étaient innombrables. Mais il y avait trop de jeunes garçons français, et trop de jeunes filles anglaises. Depuis, tout s'est régularisé », et miss Lawrence se félicite de la continuité des échanges. (Lettre du 24 janvier 1900.)

En Allemagne, les choses n'allèrent pas tout à fait aussi bien au début. L'idée de M. Mieille rencontra quelque opposition. M. Hengesbach, de Kiel, s'attaque à une lettre de M. Mieille sur cette question, ne donnant d'ailleurs que des arguments théoriques, ne s'appuyant sur aucune expérience et comparant M. Mieille à Tartarin de Tarascon. Malgré cette opposition, la correspondance s'organise entre Français et Allemands, dès mars 1897; grâce surtout à un appel de M. Barth dans la revue *Nation*, et au professor Hartmann, de Leipzig. Sous la direction de ce dernier se fonde à Leipzig un *Office central allemand de correspondance internationale (Deutsche Centralstelle für internationalen Briefwechsel)*. La tentative réussit : à Magdebourg, à Hanovre, des élèves correspondent avec de jeunes Français ou de jeunes Anglais. On constatait en juillet 1898 que la correspondance était établie entre 105 lycées ou collèges français, 92 écoles allemandes, et (Correspondance anglo-allemande) 26 anglaises.

L'*Alliance Française* avait recommandé l'Interscolaire comme moyen de suppléer aux « cours de vacances ». Une revue suisse, la *Bibliothèque universelle*, de Lausanne avait donné le compte rendu des débuts de l'Interscolaire et s'était offerte comme intermédiaire entre les correspondants suisses et étrangers.

M. Mieille, étant professeur d'italien en même temps que d'anglais, avait organisé sur les mêmes bases que la correspondance franco-anglaise et franco-allemande la correspondance franco-italienne. Il avait été aidé par le concours du publiciste E. T. Monèta, du *Secolo*. D'autres journaux, tels que la *Vita Internazionale* de Milan, la *Vita Italiana*, la *Fanfulla* de Rome, avaient également fait de la propagande. *La Revue universitaire* put bientôt publier des lettres franco-italiennes.

La correspondance s'étant organisée encore entre les États-Unis d'Amérique et la France, grâce surtout au professor Magill, de Swarthmore College, Pennsylvania.

En Russie, certains journaux tels que *Novoïe Vremia*, *Sieviemy Viestnik*, *Mir Bojii*, s'étaient montrés favorables à l'idée de M. Mieille, et une correspondance franco-russe avait pu s'organiser.

Ce n'est qu'en Espagne que l'idée échoua, malgré les efforts de la *Epoca*, et certainement pour des raisons politiques — l'Espagne traversant à ce moment une terrible crise.

Entre ces divers pays, la correspondance n'était pas restée strictement interscolaire, ni même exclusivement réservée au personnel enseignant. En août 1897, M. Stead, de la *Review of Reviews*, avait écrit à M. Jean Finot, de la *Revue des Revues*, pour le prier de faire de la propagande dans le but d'établir une correspondance non plus uniquement interscolaire mais internationale, et l'entreprise avait réussi.

Voici les résultats les plus récents qu'on a pu recueillir sur la correspondance interscolaire et internationale entre la France, l'Angleterre, les États-Unis, l'Allemagne, pays entre lesquels la correspondance est le plus active.

Pour la correspondance franco-anglaise, miss Lawrence, de la *Review of Reviews*, dans une lettre datée du 24 janvier 1900, déclare recevoir de cent cinquante à deux cents adhésions par mois, tant pour les élèves que pour les adultes.

Pour la correspondance franco-américaine, on n'a qu'un renseignement partiel, mais qui suffit à donner l'idée de son importance. Le professor Magill, de Swarthmore College, Pennsylvania, estime que pour ce seul collège, en décembre 1899, 61 élèves correspondent avec 87 élèves français, — certains Américains écrivant à plusieurs Français en même temps.

Pour la correspondance entre Allemands d'une part, Français, Anglais, Américains d'autre part, un rapport du mois d'août 1899 donne les chiffres suivants. L'*Office Central* de Leipzig a reçu en tout 5 259 adhésions d'Allemands dont 4 882 adhésions d'élèves. Ces élèves sont répartis entre 189 écoles allemandes dont 54 écoles de de jeunes filles. Ces écoles sont en correspondance avec 185 écoles françaises, dont 24 de jeunes filles, 72 écoles anglaises, dont 48 de jeunes filles, et 29 écoles américaines.

Enfin en octobre 1899, M. Mieille déclare que 10 000 correspondants environ, de divers pays, échangent 20 000 lettres par mois, soit 200 000 par an. L'interscolaire est décidément devenue un des procédés d'enseignement des langues vivantes.

L'interscolaire était donc nécessaire, les faits le prouvent, elle répondait à un besoin. Son organisation très simple lui donne un caractère tout pratique.

Supposons qu'un jeune Français veuille correspondre avec un élève d'une école étrangère. Il doit s'adresser à son professeur et lui remet une sorte de notice individuelle contenant son nom, son prénom, son âge, la mention de son école, la profession de son père. A cette notice est ajouté un renseignement sur la valeur de l'élève. Elle est destinée à prévenir les disconvenances entre les deux futurs correspondants, l'un des inconvénients que pourrait présenter l'interscolaire. Le professeur transmet la notice et la demande aux bureaux où sont centralisées les adhésions; c'est-à-dire en France, à la *Revue universitaire*. Celle-ci transmet la notice et la demande à l'office étranger de centralisation, soit pour l'Angleterre, la *Review of Reviews*. Là, on cherche un correspondant qui convienne, et dès qu'il est trouvé, on envoie un avis au chef d'institution de chacun des nouveaux correspondants, et non aux correspondants eux-mêmes, l'échange de lettres demandant surveillance, et devant avoir un caractère tout scolaire. Les deux journaux centralisateurs publient les listes parallèles. On choisit presque toujours deux correspondants du même sexe. Cette correspondance étant ouverte et surveillée par les maîtres et les parents, il ne semblait pas qu'il y eût danger à faire correspondre deux élèves de sexe différent. C'était du moins ce que pensait M. Stead. Il se trouvait justement qu'il y avait trop de garçons en France, trop de jeunes filles en Angleterre pour donner satisfaction à toutes les demandes si l'on voulait des correspondants du même sexe. Mais l'idée n'a pas été bien accueillie dans les divers pays, et c'est à peine si quelques jeunes filles élèves d'écoles normales en France, en particulier, ont pu obtenir le consentement formel des parents qui était exigé. Les élèves des écoles des autres pays voulant correspondre avec de jeunes Français s'y prennent exactement de la même manière. Dans chaque pays se trouve un office de centralisation, dès que que l'Interscolaire y est organisée.

D'autres bureaux centralisent les adhésions de membres de l'enseignement, par exemple, le *Volume*, en France, le *Practical Teacher*, en Angleterre. D'autres encore centralisent les adhésions indépendantes de l'enseignement, comme, en France, la *Revue des Revues*.

On essaye de disperser les correspondances : ainsi, une même école anglaise, par exemple, ayant plusieurs élèves désireux de correspondre avec des Français, signalera ce fait à la *Review of Reviews*, et la *Revue universitaire* s'efforcera de trouver à ces élèves des correspondants dans des écoles françaises situées sur divers points du territoire français.

La correspondance peut commencer dès que les chefs d'institution sont avertis. Chaque correspondant écrit deux lettres par mois, au minimum. Chacun d'eux écrit la première fois dans sa langue, puis la seconde fois dans la langue étrangère, et il a ainsi chaque mois une lettre modèle, — celle de son correspondant dans la langue de celui-ci, et une lettre exercice. — la sienne, dans la langue de son correspondant. Les deux lettres exercices sont corrigées par le correspondant auquel elles s'adressent, et renvoyées à leur auteur. Chaque correspondant, pour plus de facilité et de clarté, corrige dans sa propre langue, il tâche, non seulement de corriger, mais aussi d'expliquer le pourquoi de la faute.

Quand il s'agit d'élèves moins avancés, chacun des deux correspondants écrit dans sa propre langue exclusivement.

Enfin, les meilleures lettres sont lues en classe.

Le rôle du professeur n'est qu'un rôle de surveillance, il ne corrige, il n'aide pas, il donnera cependant quelques conseils.

Lee élèves sont libres d'écrire sur les sujets qu'ils choisissent, mais le nombre n'en est pas toujours très étendu pour les écoliers. En général, on commence par une présentation réciproque puis, on parle de sa famille, de ses condisciples, de ses amis, de son école, de l'emploi des journées, du travail, des jeux, des lectures, des promenades, des voyages; plus tard à mesure que la vie de l'écolier devient plus active, son intelligence plus cultivée, le champ de ses idées et de ses expériences plus vaste, la correspondance en profite.

Les avantages de la correspondance interscolaire sont doubles. Il en est de spéciaux, et que l'on peut apprécier au point de vue pédagogique de l'enseignement des langues. D'autres sont plus généraux, d'un caractère plus largement intellectuel et moral.

On peut, après M. Mieille, comparer, et opposer au thème la correspondance. Le thème est un exercice quelque peu machinal, qui se fait, comme on sait, « à coups de grammaire et de dictionnaire ». Le texte du thème est quelque chose d'imposé. Au contraire, la correspondance a l'intérêt de quelque chose d'actif, de libre, et de vivant. Elle donne l'impression d'une langue réellement existante, parlée par des êtres humains, elle n'a rien d'un jeu de patience. Enfin, grâce à l'organisation de l'interscolaire, on peut dire qu'elle a la régularité du thème sans en avoir la monotonie.

Est-ce à dire qu'elle puisse et doive remplacer le thème. Non, pour cette raison que le thème, qui est la traduction d'un texte imposé, oblige par lui-même l'élève à affronter certaines difficultés que la correspondance, à cause de sa liberté, l'aurait tenté de tourner. La correspondance et le thème se complètent l'un l'autre.

La correspondance interscolaire est propre à inspirer aux élèves un sentiment d'émulation particulièrement vif. Il ne s'agit plus, en effet, de l'émulation — qui est parfois une concurrence — entre condisciples, mais le point d'honneur national est en jeu ici ; on ne veut pas faire honte à son pays. Cette émulation est tenue en éveil par les corrections mutuelles. Enfin, la lecture en classe des meilleures lettres donne à la correspondance l'air d'une récompense.

A cause même de ce désir de progrès, la correspondance peut avoir une influence sur l'application des élèves à leurs devoirs de classe et à leur leçon. Des professeurs constatent que plusieurs de leurs élèves, d'application jusque-là fort ordinaire, se sont mis à piocher leur grammaire avec ardeur, grâce à leur correspondance.

Le vocabulaire s'enrichit, et la langue s'assouplit. Les sujets sur lesquels roulent les lettres étant ceux de la vie de tous les jours, les correspondances fournissent et obligent d'employer beaucoup d'expressions courantes, que les élèves assimilent par leur usage fréquent.

Voici, d'ailleurs, le témoignage d'un correspondant anglais : « Voici un an, écrit-il à M. Stead, que vous m'avez mis en rapport avec mon correspondant français, et je crois que ce procédé est le meilleur possible qu'un garçon ayant quitté l'école puisse employer pour développer son français, au lieu de l'oublier entièrement comme il arrive presque toujours. Les fautes du correspondant encouragent quand on est effrayé des siennes. Celles de mon correspondant sont parfois des aubaines pour moi : j'espère qu'il en est de même des miennes. »

Il semble aussi que les correspondants trouvent dans l'échange des lettres, et surtout dans les corrections qu'ils doivent faire, un moyen de mieux connaître leur propre langue. Enfin, et ceci surtout dans les cas où la dispersion des lettres est possible, les connaissances géographiques semblent progresser aussi.

Il arrive même que cet échange de lettres fasse naître chez l'élève le désir de connaître un autre pays que le sien, et décide ses parents à l'envoyer pendant quelque temps à l'étranger. La correspondance l'ayant déjà mis en rapport avec une famille étrangère, facilitera les choses au point de vue matériel. Elle a parfois abouti à des « échanges d'enfants » pour quelques semaines.

Enfin, l'Interscolaire présente aussi de réels avantages moraux. Elle peut mettre fin à bien des préjugés, — s'il suffit de mieux se connaître pour mieux s'estimer. Elle apprend aux enfants et aux jeunes gens, à d'autres aussi, qu'il existe d'autres manières de penser et de sentir, d'autres mœurs que les leurs propres. Elle fortifie le sentiment national, en permettant de mieux faire connaître son pays, dans la mesure des forces d'un écolier, de le mieux faire aimer à l'étranger. Enfin, en rapprochant les pays, et parfois les classes, elle enseigne, par expérience qu'il y a au-dessus des nations quelque chose de plus grand.

Il semble donc qu'il y ait lieu de demander au Congrès s'il ne juge pas à propos d'accorder un vote d'encouragement à la Correspondance interscolaire internationale.

M. Scott,

Professeur au lycée Molière.